全国高职高专印刷与包装类专业教学指导委员会
—— 出版类专业系列教材

U0670471

出版物发行实务

主 编 叶 新

副主编 高 澜 张才生

重庆大学出版社

内 容 提 要

本书是一本实用性和操作性很强的出版物发行教材,涉及了图书、期刊、报纸、数字出版物四类出版物,尽可能地吸收了当前出版物发行实务领域的最新研究成果。本书在论述出版物发行的概念、目的和任务的基础上,对图书、期刊、报纸、数字出版物等各类出版物发行营销的实际操作进行了详细的介绍,并简要介绍了传统出版物的数字化营销手段。

本书主要适用于高职和中职层次的出版物发行专业学生学习,也可用作出版物发行一线人员的培训教材。

图书在版编目(CIP)数据

出版物发行实务/叶新主编. —重庆:重庆大学
出版社,2012.10(2019.8 重印)
全国高职高专印刷与包装类专业教学指导委员会"十
二五"规划教材. 出版类专业系列教材
ISBN 978-7-5624-7022-9

Ⅰ.①出… Ⅱ.①叶… Ⅲ.①出版发行—高等职业教
育—教材 Ⅳ.①G235

中国版本图书馆 CIP 数据核字(2012)第 233948 号

出版物发行实务
主 编 叶 新
副主编 高 澜 张才生
策划编辑:李竹君

责任编辑:文 鹏 夏 宇 版式设计:李竹君
责任校对:邬小梅 责任印制:张 策
*
重庆大学出版社出版发行
出版人:饶帮华
社址:重庆市沙坪坝区大学城西路 21 号
邮编:401331
电话:(023) 88617190 88617185(中小学)
传真:(023) 88617186 88617166
网址:http://www.cqup.com.cn
邮箱:fxk@ cqup.com.cn(营销中心)
全国新华书店经销
重庆市国丰印务有限责任公司印刷
*
开本:720mm×960mm 1/16 印张:9.75 字数:180 千
2013 年 4 月第 1 版 2019 年 8 月第 2 次印刷
印数:3 001—4 000
ISBN 978-7-5624-7022-9 定价:25.00 元

本书如有印刷、装订等质量问题,本社负责调换
版权所有,请勿擅自翻印和用本书
制作各类出版物及配套用书,违者必究

【前　言】

　　本书是一本实用性和操作性很强的出版物发行教材,涉及了图书、期刊、报纸、数字出版物四类出版物,尽可能地吸收了当前出版物发行实务领域的最新研究成果。本书在论述出版物发行的概念、目的和任务的基础上,对图书、期刊、报纸、数字出版物等各类出版物发行营销的实际操作进行了详细的介绍,并简要介绍了传统出版物的数字化营销手段。

　　本教材的讲授和实训学时为72学时,具体内容和学时如下:

　　第一章:概论(4学时)

　　本章论述了出版物发行的概念、目的和任务。

　　第二章:图书发行实务(28学时)

　　本章是本书最重要的章节,包括发行环节、卖场经营、书店分销和宣传促销四部分内容。其中,发行环节,涉及图书的总发行、批发和零售三个环节;卖场经营,涉及卖场的店堂布置、图书陈列、图书分类、导购、结算、盘点、客户、物流、书库;书店分销,涉及图书在大书城、综合书店、专业书店、儿童书店、大学书店、图书俱乐部、机场书店、网络书店、出版社直销等的销售细节;宣传促销,涉及签名售书、读书活动、广告宣传、新闻公关、网络营销等。

　　第三章:期刊发行(16学时)

　　本章包括发行渠道、订阅销售、零售经营和宣传促销四部分内容。其中,发行渠道,涉及期刊的邮政发行、校网发行、二渠道发行;订阅销售,包括期刊的订阅和续订;零售经营,包括期刊在超市、交通站点、书城、报刊亭和其他地点的销售细节;宣传促销,涉及期刊的宣传方式、媒体广告和促销手段等。

　　第四章:报纸发行(16学时)

　　本章包括订阅销售和零售两部分内容。其中,订阅销售,涉及报纸的订阅和续订;零售,涉及报纸在报刊亭、交通站点、超市和其他地点的销售细节。

　　第五章:数字出版物发行(8学时)

　　本章包括数字出版物分类、网络出版物发行、阅读器发行、手机出版物发行四部分内容。数字出版物分类,涉及出版物电子版、电子书(E-book)、电子报刊、手机出版物和数字版听书五类数字出版物;网络出版物发行,涉及网络出版物的发布、接收和付费三个环节;阅读器发行,涉及数字出版物的装机、销售和付费三个环节;手机出版物发行,涉及手机出版物的发布、接收和付费三个环节。

为了有助于授课教师的备课和学生的学习,本书在每章的开头设置了三大学习目标,包括知识目标、技能目标和职业素养目标,并提示了本章教学的重点和难点。在每章的结尾,为了加深对所学内容的印象,设置了课后练习;为了加强学生的动手实操能力,在第2—5章设置了实践训练环节,包括实践项目、实训目的、实训内容、实训条件、实训组织等。

本书主要适用于高职和中职层次的出版物发行专业学生学习,也可用作出版物发行一线人员的培训教材。

本书的写作分工如下:

叶新:主编,策划、框架设定兼统稿;

高澜:常务副主编,修订统稿,撰写2.2;

张才生:副主编,修订统稿;

严交笋(出版与传播系副教授):撰写2.5;

刘敏(出版与传播系副教授):撰写模块3;

郭海鹰(出版与传播系副教授):撰写模块4;

皮亚雷(出版与传播系副教授):撰写2.1;

杨燕(出版与传播系讲师):撰写2.3,2.4;

王雯(出版与传播系讲师):撰写模块1;

刁树榜(北京印刷学院研究生):撰写5.1,5.2,5.3;

殷明姝(北京印刷学院研究生):撰写5.4。

本书的写作得到了北京印刷学院高职院院长曹国荣教授、江西新闻出版职业技术学院黄彬院长和高澜副院长、湖北教育报刊社副总经理张才生博士、重庆大学出版社经管分社马宁社长等的大力支持,责任编辑李竹君做了大量的策划、编辑工作,在此一并致谢。本书稿出于多人之手,集中了集体的智慧,但也存在着诸多不统一和缺漏之处,希望能在吸收各位专家意见的基础上,于再次修订的时候弥补缺憾。

叶 新

2013 年 3 月 30 日

目录

模块1

概　论

学习目标

【知识目标】

1. 掌握出版物的概念;
2. 掌握出版物发行的概念;
3. 了解出版物发行的环节及流程;
4. 了解出版物发行的目的和任务;
5. 了解出版物发行的新形势。

【技能目标】

1. 了解报纸发行员的工作流程;
2. 掌握出版物发行的主要任务;
3. 掌握与读者进行双向沟通的方法;
4. 掌握与零售商、摊主建立和保持良好关系的方法;
5. 了解出版物发行员应具备的基本素质和技能。

【职业素质目标】

1. 培养学生对出版发行工作的责任意识;
2. 培养学生的分析、思辨、判断、决策能力;
3. 培养学生吃苦耐劳的精神和优质服务意识。

【教学重点和难点】

1. 让学生了解和掌握出版物发行实务的基本概念,了解出版发行工作的目的、任务及对出版物工作人员的基本素质要求和技能要求;
2. 培养学生对出版发行工作的责任意识,坚定学生对从事出版发行工作的信心。

改革开放以来,随着国家经济体制改革和出版体制机制改革的不断深化,我国出版物发行体制改革取得了较大的进展。了解出版物及出版物发行的概念,熟悉出版物发行的业务流程是深入了解我国出版物发行体制改革,适应当下出版物发行环境的重要工作之一,也是学习出版物发行实务的第一步。

1.1　出版物发行实务的概念

1.1.1　出版物

出版物一般是指以传播文化和知识为目的的各种产品。根据联合国教科文组织的规定,出版物包括定期出版物,如报纸、期刊两类,以及不定期出版物。绝大多数的出版物都是纸质印刷品,但随着传播技术的发展,出现了各种新型的、非印刷品的出版物。从国内市场来看,目前我国出版物主要分为五大类:报纸、期刊、图书、音像电子出版物和互联网出版物。

1.1.2　出版物发行

《中华人民共和国著作权法实施条例》第五条中对"发行"的解释是"为满足公众的合理需求,通过出售、出租等方式向公众提供一定数量的作品复制件"。出版物发行一般泛指出版物的批发和零售。具体而言,出版物发行是指经过采编、印刷等工序生产出版物成品后,经出版社发行部、渠道经销商、书店、邮局等渠道发售到读者手里的工作。出版物发行是将出版成果传递给读者的重要渠道,是实现文化和知识的传播,获得经济效益的直接环节。

出版物从出版单位最终传递至读者的流程如图1.1所示,出版物发行单位在其中起到十分关键的作用,是沟通出版物生产与消费的桥梁和中介。因此,对出版物发行实务知识的学习和探讨,尤其是如何适应科技的发展、读者心理和习惯的转换以及出版市场新形势就显得更加急迫和重要。

图1.1　出版物传递至读者的流程图

1.1.3　出版物发行实务

在出版物发行的实际工作中,尽管报纸、期刊、图书、音像电子出版物和互联网出版物都被归并到出版物的范畴中,但不同的载体和出版形式赋予了这些不同种类的出版物独特的特质。不同类型的出版物在传播文化和知识、实现经济效益等各方面有所不同,相应的在发行工作上的方法和手段也应有所差异,相关发行人员应具备的基础知识和素质也有一定的区别性。

而本书正是遵循出版物发行的基本规律,按照出版物不同类型的特殊性来对出版物发行实务进行研究和探讨,从而更加贴近出版发行单位和发行人员的需求,有效地帮助发行人员全面有重点地掌握当前出版物发行业务各流程,为其今后的工作提供切实的操作性指导。

1.2　出版物发行的目的和任务

在我国,出版物发行行业不仅是流通领域的一项产业,更是精神文明建设的重要阵地。出版物发行工作既是一项宣传教育工作,又是向广大人民群众提供精神食粮的服务工作,要始终把社会效益放在首位。深刻认识我国出版物发行的目的和任务,对我们认识和了解出版物发行业务,树立出版物发行员的行业意识、责任意识有重要意义。

1.2.1　出版物发行的目的

出版物发行业是我国经济文化发展事业的重要组成部分,其根据不同的出版物分为报刊发行业、图书发行业、音像电子出版发行业和近年来新兴的网络出版发行业。承载着大量信息和知识,承担着文化传承和信息传播的出版物是真正意义上人类进步的阶梯,在人类发展和社会进步的过程中起着极其重要的作用。出版物能否快速高效地流通至读者的手中,事关出版物承载的信息、知识及文化的传播,这一环节的缺失和低效将延缓整个文化事业发展的进程。因此,出版物发行工作的直接目的就在于保证出版物的真正高效流通,从而将好的读物、好的精神食粮顺利送达读者的手中,进而真正实现出版物的社会效益。

同时,随着市场经济的进一步发展和深入,出版物的商品属性也逐渐彰显,出版行业的发展规模也在不断地扩大,出版及其上下游行业已成为国民经济的重要组成部分。发行是出版物的流通环节,也是出版系统工程中的终端环节,是出版物由生产走向消费的最后一步。因此,出版物发行工作的目的就在于保证出版物的真正高效流通,既包括出版物的流通,又包括相应的资金和信息的高效流通,从而实现出版物的经济效益(图 1.2)。

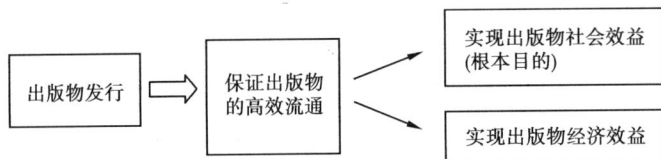

图 1.2　出版物发行目的结构图

1.2.2　出版物发行的任务

出版物发行意义重大,事关社会生活的方方面面,因而相应也需要承担来自各方面的任务和责任。

从出版单位的角度来看,出版物发行的主要任务有:

1)将采编成果传递给读者

计划经济时代,出版物发行工作排在"编—印—发"工作程序的末尾,当时报刊主要通过邮局来完成发行,图书则主要通过国营的新华书店来实现发行。到了市场经济高速发展的今天,出版物品种和数量急剧增加,"酒香不怕巷子深"的时代已经过去,发行工作在出版物出版流程中扮演的角色也越来越重要。同时,随着出版物市场化程度的深化,出版物发行的任务也越加艰巨,如何成功地把采编成果传递给目标读者,是当前出版发行工作的首要任务,也是最重要的任务之一。

2)实现出版物的经济效益

出版物是一种特殊的商品,它不仅要实现社会效益,还要实现经济效益。不同类型的出版物实现经济效益的方式也不尽相同。报刊主要通过"二次售卖"实现其经济效益,而图书、音像等当前则主要通过一次售卖来实现经济效益。随着网络技术的普及,点击率、读者服务等多元化的出版物盈利模式也逐步被人们所接受。但无论是哪种方式获取经济效益,最关键的还是要能够使出版物流通、销售至读者手中,也就是发行环节。因此,出版物的发行还必须承担实现出版物经济效益的重任。

3）协助进行与读者的双向沟通

市场经济的发展、出版物品种和数量的猛增,使得当前出版物市场已经由"卖方市场"转向"买方市场",获取读者的需求和意见,挖掘读者和出版市场的潜在需求也成为出版工作的重要组成部分。发行是出版流程的最后一个环节,也是唯一直接面对读者的环节。出版物发行时能否有效地协助出版单位与读者的双向沟通,对出版物的采编、策划以及读者需求的满足都有着重大意义。因而,出版单位越来越重视发行环节中与读者的双向沟通,这也被认为是成功有效的发行的又一重大任务。

从读者的角度来看,出版物发行的主要任务是满足读者的精神文化需求。将出版物的精神文化内容传递给读者,是出版物发行的主要职能。通过发行,出版单位的采编成果才能传递给读者,才能实现传播文化知识的根本目的。而读者的精神文化需求也必须通过发行这一环节才能获得满足。

从社会的角度来看,出版物发行的主要任务是实现出版物的社会效益。发行渠道是连接出版单位与读者的桥梁,达到传播精神产品的目的,是整个出版的生命线,也是整个出版活动的"支点"。因而,出版物发行不仅仅肩负着实现经济效益的任务,还必须承担实现出版物社会效益的重任。

1.3 出版物发行人员的基本素质和技能要求

出版物发行工作事关我国文化事业的发展问题,因此对发行从业人员的基本素质和技能要求一直受到我国有关部门的重视并已经建立了相关的职业准入标准。据悉,自1998年由国家新闻出版署(现为新闻出版总署)和劳动部(现为人力资源和社会保障部)共同建立出版物发行员职业资格制度以来,约有10万名出版物发行人员相继通过了不同等级的职业技能鉴定,有关部门也一直分期分批地实施培训和考评工作。

对此,人力资源和社会保障部以及新闻出版总署颁布的《出版物发行人员基本素质、行为规范和职业道德规范》中就对发行人员的素质考核分为五个方面:德、智、体、能、绩,围绕这五个方面根据量化标准进行测评考核。具体主要包括:政治(品德、职业道德)素质要求、文化素质要求、业务能力素质要求以及工作成效要求。

相对于国家的职业资格标准,有些业内人士则将出版物发行人员分为两大类:经验型发行人员以及知识型发行人员。

他们认为,一个称职的出版物发行人员,首先应该努力成为经验型的发行人员,至少应该具备以下素质:首先应该对出版物有深入了解,对一些重点发行的出版物特点如数家珍;其次应该熟悉出版物的适销地区及渠道;再次应该能够准确把握不同分销商的销售能力。

之后,更应该以知识型的出版发行人员标准来要求自己。即能够完成"营"的需要,了解市场需要什么样的图书,每本书的内容如何,具体销售情况和读者反馈意见怎样,什么时间、什么地点把什么样的书推荐给什么样的读者最合适,等等。不仅要能确保书发得出去、款收得回来,还要能通过市场信息反馈,主动参与选题决策。通过为目标读者提供符合其需要的图书产品(因为市场的终端不是书店,而是读者),来增加企业的市场份额,树立企业的品牌,扩大企业的知名度。①

此外,关于出版物发行人员应该具备何种素质和能力,学界也对此进行了相关实证性研究。中科院主导的"出版社发行人员胜任特征模型"的研究就通过工作分析问卷调查、行为事件访谈、焦点访谈等研究方法,通过编码处理与统计分析为我们构建出了发行人员的胜任特征模型。即主要包括:主动性、毅力、正直诚信、自我控制、沟通、建立和维系关系、社会洞察力、信息收集、客户服务、执行力、学科专业基础、学习能力12项特征。具体可见表1.1,研究人员通过对出版社高层以及绩效优异的发行人员进行访谈与统计,得出被认为最重要的能力和特征在于:建立和维系关系、信息收集以及谈话等。

---

① 欧阳沛.想对才能做对——浅谈社办图书发行人员的六大认识误区[J].出版广角,2003(10).

表 1.1　出版社发行人员胜任特征频次统计结果

名　称	频次	名　称	频次	名　称	频次
建立和维系关系	54	承受压力	9	责任感	22
谈话	41	与组织以外沟通	9	执行力	19
客户服务意识	32	团队建设	6	自我控制	17
社会洞察力	29	亲和力	2	注意细节	12
毅力	26	信息收集	45	回应客户	9
沟通能力	22	主动性	35	时间管理	9
正直诚信	22	学习能力	32	学习策略	5
主动聆听	17	学科专业基础	29	自身修养	2
注意礼节	12	服务倾向	22		

　　通过对国家职业资格标准、业界普遍要求以及学界的实证研究,我们可以初步白描出一个出版发行人员应该具备的基本素质以及相关职业要求。这些素质和要求实际上是随着时代的不断变迁、技术的不断进步相应发展的。例如,计划经济时代对出版发行人员的要求必定与市场经济时代不同。而当前我们正处于经济和科技高速发展时期,出版物发行市场也有着更加深层次的变化,这也要求出版发行人员应紧跟时代的发展,加强自身素质的提升和专业知识的学习,做好做强出版物的发行工作。

1.4　技术革命下出版物发行的新形势

　　当前信息技术的高速发展、互联网的大范围普及,尤其是计算机技术和网络技术在出版领域的广泛应用,引发了出版生产力的革命。网络技术彻底改变了出版生产各环节的传统工作模式,提高了出版工作的效率和质量,但同时也为出版工作者提出了新的要求。

　　在出版物发行环节,计算机技术和网络技术给出版物发行工作带来了物流、商流、信息流以及管理上的便利高效;促进了新的发行渠道和发行方式的不断诞生;同时也给我国出版物发行工作带来了巨大的挑战,尤其是对传统纸质出版物和音像出版物的巨大挑战。

首先,技术的革新为出版物发行提供了更高效的管理平台。例如,传统的图书发行往往是通过展销会看样订货、纸质订单与合同、人工回款等方式开展,网络则为纸质图书发行提供了一个全新的流通平台。图书产品的宣传、促销、签约、运输甚至货款回收等工作,都可以在网络上操作或管理。网络营销不仅扩展了图书发行的渠道,而且还提高了发行中信息流、物流、资金流等环节的效率。在价格、服务、速度等方面具有传统发行无可比拟的优势。

同时,网络的出现为出版物发行带来了更具活力的销售终端。尤其是随着网络对出版业的不断渗透,网上书店的迅速崛起,更是带来了传统发行渠道难以企及的优势销售终端。网上书店具有查询信息方便、图书品种齐全、配送服务快捷、销售价格低、宣传手段灵活等特点,从而丰富了图书零售业的格局,满足了不同层次读者的需求,具有传统发行渠道无可比拟的优势,成为纸质图书发行的重要渠道。

此外,网络的普及还为出版物带来更加灵活的宣传推广渠道;为出版单位与读者双向沟通、收集读者信息和需求提供了便利的平台;使得出版物发行工作不再仅仅是销售出版物,而成为联结读者、获取经济效益、实现社会价值的重要桥梁和环节。例如豆瓣读书、书友会这类以书会友的 SNS 网站,既给出版物发行人员的宣传推广提供了优质平台,又为传播出版物的内容、满足读者精神文化需求提供了多样化的渠道。

技术的革新和网络的普及,在为我国出版物发行工作带来巨大革新的同时,对出版物发行工作人员的素质和能力要求也越来越多,对传统出版物发行模式和理念也造成了巨大的挑战。例如,出版社自办网站、民营发行网站、网上书店等的出现,深层次地改变了图书运作流程与交易模式,带来了书业界的发行革命和流通革命。其影响逐步扩散至选题开发、网络出版、网络营销、版权贸易等出版全环节。从而对图书发行从业人员也提出了更高的要求,如具备基本的计算机处理能力和信息技术能力,等等。

【课后练习】

1. 请描述出版物从出版单位最终传递至读者的流程。

2. 出版物发行的目的是什么?

3. 技术革命对当前出版物发行的影响是什么?

模块2

图书发行实务

学习目标

【知识目标】

1. 了解出版物发行的基本理论知识；
2. 了解出版物发行的过程和程序；
3. 熟悉我国的图书购销形式；
4. 掌握有关图书总发行、批发与零售的知识以及国家的相关管理规定；
5. 掌握书店卖场经营规划管理；
6. 掌握图书分销渠道的目的、方法和内容。

【技能目标】

1. 能够熟悉图书的概念及其构成要素；
2. 能够熟练地完成对图书营销环境的调研和分析；
3. 能够合理地规划书店卖场环境；
4. 能够熟练地掌握图书分销渠道的分析和选择；
5. 能够熟练地运用促销知识完成出版物的营销方案策划和组织实施。

【职业素质目标】

1. 拓展学生的知识面，提高文化修养；
2. 培养学生信息采集、分析问题、解决问题的能力；
3. 培养学生团队合作、组织协调的能力。

【教学重点和难点】

1. 合理地规划书店卖场环境；
2. 分析和选择各类书店的分销策略；
3. 理解并掌握出版物宣传促销知识。

【案例链接】

2004 年 4 月,国家新闻出版总署在北京宣布,授予来自淄博的民营企业山东世纪天鸿书业有限公司"出版物国内总发行权"和"全国连锁经营权"。这是民营企业首次同时获得这两项资格,与新华书店相比,除尚未得到教材发行权之外,其他方面已得到完全平等的政策条件和竞争权利。

该公司获得出版物国内总发行权后,将被允许经营图书、期刊、音像和电子产品等所有出版物的批发零售业务,而"全国连锁经营权"则为其在全国的迅速发展铺平了道路。山东世纪天鸿书业有限公司隶属于志鸿教育集团,为目前国内出版发行行业最大的民营企业之一。

2.1 发 行

2.1.1 总发行

1)概述

图书总发行,是指图书印制完成后,由唯一供货商向其他出版物经营者销售出版物,是发行过程中的初始环节。

根据《出版物市场管理规定》,申请出版物总发行权的单位应具备以下条件:

①有确定的企业名称和经营范围;

②以出版物发行为主营业务;

③有与出版物总发行业务相适应的组织机构和发行人员,至少一名负责人应当具有高级以上出版物发行员职业资格或者新闻出版总署认可的与出版物发行专业相关的中级以上专业技术资格;

④有与出版物总发行业务相适应的设备和固定的经营场所,经营场所的营业面积不少于 1 000 平方米;

⑤注册资本不少于 2 000 万元;

⑥具备健全的管理制度并具有符合行业标准的信息管理系统;

⑦最近三年内未受到新闻出版行政部门行政处罚,无其他严重违法记录。

除出版物总发行企业依法设立的从事总发行业务的分公司外,总发行单位应为公司制法人。

申请设立出版物总发行企业或者其他单位申请从事出版物总发行业务,须向所在地省、自治区、直辖市新闻出版行政部门提交申请材料,经其审核后,报新闻出版总署审批。

2) 总发行特点

(1)销售主体排他性

排他性是指产权主体的对外排斥性或对特定权利的垄断性。一种出版物的总发行权只能由一个主体单位拥有,不可分享。

(2)销售对象

总发行的销货对象,主要是各类出版物批发单位和大型出版物零售单位。

(3)销售形式单一

总发行的销售形式主要是批发或称一级批发,但在总发行陈列、展示出版物场所,也向普通消费者零售部分出版物。

2.1.2 国内总发行市场现状

2003年9月之前我国拥有出版物总发行权的单位有出版社、三大发行所(北京、上海、重庆)以及省级新华书店。以2003年9月民营企业文德广运发行有限公司获得报刊总发行权为标志,新闻出版总署开始逐步放开了出版物总发行市场,之后又陆续有多家不同资本结构的单位被获准介入总发行工作。这些新总发行企业的出现,势必打破我国出版物总发行市场一直被作为国有主渠道的新华书店系统所垄断的局面,从而真正做大做强国内的总发行市场。

1) 新华书店垄断地位的丧失

总发行权给了这些新总发行单位更多的权利,新华书店系统将失去传统的政策保护优势,在同一竞争平台与之竞争。一个不容忽视的事实是:总发行企业介入中小学教材发行,将使新华书店今后面临更猛烈的挑战。这些总发行企业中,有像志鸿教育集团旗下的世纪天鸿书业有限公司,本身已积累了宝贵的行业经验;也有像文德广运发行有限公司的母体——我国最大的户外广告公司白马公司,他们有雄厚的资金和自身独特的管理经验;也有像北京铁路局投资建立的国铁传媒发行有限公司,他们的发行网络并不比新华书店的网络差,因此新华书店面临着前所未有的挑战。

2) 出版物发行市场水平全方位提升

新的总发行单位的加入,将会刺激与推动新华书店将改革的重心放在企业销售经营上,加强与出版社的信息平台建设,完善自身连锁经营体制,提升销售管理水平,消解多年来出版社对新华书店在务实、诚信上的诸多不满。当然十几家总发行企业如何熟悉书业运行规律,如何将原来企业的资源运作能力和资金实力有机结合,也是问题的关键。我们最不愿意看到的情况是:这些总发行企业不仅没有为中国的出版物流通市场中一级流通领域带来新的变化,相反被中国图书发行业的大环境所同化,加剧中国出版业在流通领域的滞胀。因此从新闻出版总署和众多出版社的角度来说,希望此次总发行企业的增多能切实地提高中国出版物发行市场的水平。与此同时,出版社有了更多可以选择的合作伙伴。

2.2　批　发

2.2.1　概　述

图书批发是图书零售的对称,是指图书所有者向图书经营者批量销售图书,是出版物生产与零售的中间环节。

【相关案例】

"中盘商"的打造

2005年4月,新华出版物流通有限公司(下称"新华物流")正式成立,该公司由新华书店总店、英国派可多(PACPOLY)投资公司、两家民营投资公司和七家国有出版社共同出资组建。新华物流将定位在上承出版社下启零售店的中盘商,主要从事图书批发、仓储物流和区域分销等中盘业务。这意味着新华书店想重新主导图书批发业务。

在新华物流的全盘计划中,将形成四大全国性网络,即购销客户网络、仓储运输网络、资金结算网络和立体化信息支持网络。四大网络中的业务将相互促进,以批发业务带动区域分销和连锁经营,后者又反过来支持批发业务,并以物流配送和信息化网络来保障全过程的有序运转。

"中国还没有严格意义上的中盘商。"所谓中盘商是指代理图书批发流通业务的中间商。中国出版科学研究所副所长余敏分析说,在过去几十年间,新华书店总店一直作为处于垄断地位的中盘商出现。但20世纪90年代新华书店经营权下放至各省市后,新华书店总店的这一功能开始逐渐弱化,各省市新华书店、民营或合资书店早已直接从出版社进货。在日本和北美,出版社一般将书交给大型图书批发商(如日本东贩和日贩,北美亚马逊网上书店等),再由后者进行分销给零售书商。新华书店海外公司股东之一、龙源国际集团总裁汤潮介绍说,"从组建新华物流的动作上看,他们是想成为超大型的图书中盘商。"

2.2.2　图书批发形式

1) 目录征订交易

征订目录是指出版社将出书计划和有关资料,分期分批地编印,向零售书店或读者介绍图书内容、传递出版发行信息、征求图书订货数字的一种书目。目录征订交易就是指图书总发行机构向发行对象寄发征订目录(或加上样书),并由需购者填单交易的一种图书批发形式(图2.1)。

图2.1　2007年春季/秋季高校教材图书征订目录

2) 订货会现场交易

订货会现场交易即出版物市场的供求双方在订货会面谈交易。如2011年1月8日在北京中国国际展览中心举办的北京图书订货会,前来参会的有传统出版社513家、数字出版单位46家、民营批发企业76家、港澳台出版机构展位32个等,包括农家书屋展架在内的图书采购会书架1 200个,近15万种新书参展,1 000多家图书馆人员参与现场采购(图2.2、图2.3)。

图2.2   2010年北京图书订货会

图2.3   2010年北京国际图书城暑期课外读物订货会

3)现货批销

与订货会现场交易不同的是,现货批销是出版商将出版物实物带到交易地点,进行现货交易,即一手交钱、一手交货式的交易。

4)网络电子交易

网络所具有的全球化、全天候、交易快速、广告宣传等诸多优势让越来越多的出版商开始抢占商机。如书之源图书批发网是我国最大的图书配送平台之一,和300多家出版社建立了战略合作关系,拥有3 000多家书店客户。其流程如下:客户下载书目——在书目上填写好订数——发送到指定电子邮箱——支付货款——书之源安排发货——物流发货到全国县一级的行政单位——交易成功(图2.4)。

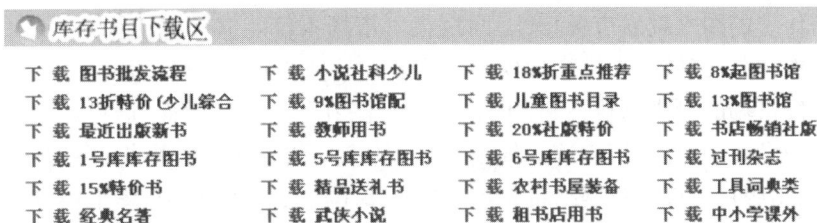

库存书目下载区

下 载 图书批发流程	下 载 小说社科少儿	下 载 18%折重点推荐	下 载 8%起图书馆
下 载 13折特价(少儿综合)	下 载 9%图书馆配	下 载 儿童图书目录	下 载 13%图书馆
下 载 最近出版新书	下 载 教师用书	下 载 20%社版特价	下 载 书店畅销社版
下 载 1号库库存图书	下 载 5号库库存图书	下 载 6号库库存图书	下 载 过刊杂志
下 载 15%特价书	下 载 精品送礼书	下 载 农村书屋装备	下 载 工具词典类
下 载 经典名著	下 载 武侠小说	下 载 租书店用书	下 载 中小学课外

图2.4 书之源图书批发网库存书目列表

2.2.3 图书批发特征

1)经营对象

图书批发是图书所有者向其经营者批量销售图书的活动过程,其最根本的特点是与经营者直接交易,不与消费者接触。

2)销售方式

批量性交易是图书批发的第二个显著特征,图书批发客户有可能是下一级批发商,也可能是图书经营者,但并不是最终读者,他们是为服务图书市场而存在的中间环节。

3)销售折扣

销售方必须给购买方留有一定的利润空间,即发行折扣,通常说"七五折、八二折",即批发店分别向销售店按发货总码洋的75%或82%结算货款。

对出版单位来说,批发环节是支撑其完成销售、融通资金、沟通市场供求信息等强大的桥梁。对出版物零售商来说,批发商起着指导进货、需求预测、供货送货等繁荣图书零售市场的作用,所以,图书批发的存在对协调、促进出版事业的发展有着非常重要的意义。

2.2.4 图书批发新趋势

随着网络技术的发展,一种新型的图书销售渠道——网络书店应运而生。其依靠计算机网络,以通信技术为基础,把人和电子通信方式相结合,从而实现图书销售的网络化。目前,一般有 B2B、B2C、BBC 三种经营模式。B2B 这种经营模式也成为图书批发的新趋势,电子中盘商的出现正预示着我国图书批发市场的新趋势和新发展。

与传统的图书批发市场相比,网络批发市场不仅能够完成传统意义上的图书批发工作,并且能够大大提高规模和效率。在品种方面,所有出版社可供书目均为网络批发市场的可供书目,做到了库存极大化;在到货速度方面,通过协议约束,出版社快速发货,并且采用快速运输的方式,使平均到货速度极快化;在增值信息服务方面,出版社可以通过网络批发市场向众多下游会员快速发布图书信息,并且可以获得市场反馈等服务,书店可以足不出户了解所有上游会员的动态。

国内目前已经出现了多家网络批发商,既有北京图书批发交易市场这类由传统批发市场主办的网络批发市场,又有 BOOK321 这类由民营企业主导的图书电子中盘商。网络图书批发市场 B2B 这种借助电子网络对传统出版发行业进行改造和变革的全新模式,是一种大胆的实践和探索。业界的这一全新动态、图书批发市场的全新趋势也许是图书发行改革和发展的希望所在。

2.3 零 售

2.3.1 概 述

图书零售,是指图书经营者直接向消费者销售图书的商品交易过程,是整个出版物商品流通过程中的最终环节。图书零售商是真正面对读者,连接出版物与消费者的关键纽带。除了传统的图书零售商(大中小型书店、书报刊亭、出版社读者服务部以及一些专业书店)外,随着网络时代的来临,网上书店在图书零售环节中扮演着越来越重要的角色。

2.3.2 零售的特征

1) 销售对象

与出版物的批发相比较,出版物的销售对象是出版物的直接消费者。

2) 销售价格

出版物零售时,除特殊促销外,出版物一般按其定价销售,读者享受不到批发商的销售折扣额。

【相关案例】

随着出版物零售市场的竞争越来越激烈,各大零售商也纷纷推出各种活动吸引消费者,进行促销。以北京中关村图书大厦为例,其推出一元会员卡,消费者办理后其购书可打8折。中关村图书大厦的ZBB会员卡(图2.5)已经成为大厦经营的主要特色之一,成为吸引新读者、稳定固定客户群、建立图书大厦与读者长期联系的纽带,对大厦的图书销售起到了重要的作用。

图2.5 中关村图书大厦ZBB会员卡

3) 销售数量

出版物零售是直接满足读者阅读需要的环节,读者对出版物的需求是一种追求精神内容的过程,内容的不重复性对读者来说是阅读的前提,因此,一般情况下,出版物的交易数量少且品种单一。

另外,就商品运动形态而言,出版物零售后便脱离了流通领域,进入到消费的过程,出版物流通过程由此结束。

2.3.3　出版物零售机构类型

①按经济成分:国有、民营、个体、中外合作、中外合资、外贸。

②按经营品种:综合、专业、代理专卖。

③按经营规模:超大型、大型、中型、小型。

④按经营组织形式:独立店、连锁店。

⑤按有无场地:无店铺、有店铺、售书亭、流动书摊。

⑥按经营方式:以门市销售为主,以预订销售为主,以邮购、网上销售为主。

⑦按价格竞争策略:精品店、特价店、仓储式店等。

【相关案例】

2011年美国的图书零售商巨头博德斯集团(Borders Group)因负债申请破产,欲关闭旗下200多家超级书店。而其鼎盛时期曾拥有过1 249家连锁书店。而英国最大图书连锁店水石公司(Waterstone)也于2011年1月发布盈利预警公告。有人预言"实体书店将面临灭绝的命运,网络书店才是图书零售业的发展方向"。

实际上,实体书店如果能找到其独特的价值优势,更好地满足消费者某种需求,当前的困境将成为其羽化前的阵痛,实体书店必然能迎来更好的发展前景。以台湾著名的诚品书店(图2.6)为例,其不仅给消费者提供图书,同时还提供更多的文化生活体验。其定位精英,打造包罗书店、家具、画廊、花店、瓷器、珠宝和餐厅的复合体,举办多种诸如演讲、座谈、表演与展览等延伸阅读活动,成为台北的"文化地标"(图2.7)。诚品书店的成功带给我们一个全新的视角去看待网络时代对图书零售书店的冲击。面对激烈的竞争,实体书店更要寻求自己独特的价值所在。[①]

图2.6　台湾诚品书店

---

① 丁汉青.创新:图书零售业生生不息的源动力[J].青年记者,2011(4).

图2.7　台北诚品书店的购书环境

2.4　卖场经营

根据开卷《2005年六城市读者调查研究分析报告》,2005年,有83.9%的读者选择在图书城和图书大厦购买图书。可见,图书零售卖场在图书销售环节中的重要地位。面对日益激烈的图书销售市场,如何经营好图书卖场这一终端,不仅关系到图书的销售,还关系到进一步满足和发掘消费者需求,真正完成图书到读者的最后一步。

在图书卖场里,工作人员不仅要完成从图书上下架、读者导购、营业推广到图书报添、盘存、退货等各个经营环节,同时还要时刻面对书店读者,做好读者服务工作,此外还必须做好图书产品的进销调存工作,竭力提高书店的销售额和利润。每一个流程都是繁杂的,每一个环节又是细致的。这就需要我们的工作人员既积极热忱、有责任意识,又具备相应的专业素质和技能。因此,对图书卖场的经营管理以及员工培训也越来越被业界所重视。

〖相关案例〗

北京图书大厦:抓好书店经营的各项指标

北京图书大厦是北京最大的图书卖场之一,于1998年开业,地处西单核心商圈。北京图书大厦分5层,营业面积约为1万平方米,图书品种高达30万种,也是著名的老字号图书大厦,图书销售量和客流量巨大。据销售中心的有关负责人表示,北京图书大厦在重视卖场经营管理的同时,也十分注重服务流程的优化和员工业务技能的培训,全方位地抓好卖场经营的各项指标。

具体包括以下6点:①整体布局与陈列讲求科学性。②重点品种重点陈列。③及时调整购书环境。④加强服务流程。⑤提高员工业务技能。⑥及时获取信息,抓住重点品种组织促销活动。

由于北京图书大厦的客流量十分巨大,在保证销量的同时,对读者的服务工作也带来了一定困难。对此北京图书大厦在不断优化服务流程和查询流程的同时,每年都对员工进行培训、比赛和考核。在配书能力、推荐能力、英语口语等方面都有严格的要求。

此外,为了更便于读者选购,工作人员在楼层划分和图书分类上也花了一番心思,务求科学性和便利性,并制定了一套架内的陈列规范,方便读者找到相关书籍。据相关负责人介绍,针对重点图书,北京图书大厦卖场(图2.8)的原则是:让来图书大厦的人都知道这本书已经上市了,由此产生购买需求和动作。位于大厅的共享空间,客流量最大,是图书大厦的黄金地带。这里的图书怎样陈列,陈列多长时间等问题,随着顾客的购买在不断调整,以实现重点陈列区域销售最大化。

图2.8　北京图书大厦卖场现场

同时,对于一些注重时效性的书籍,书店会组织信息收集,从而迎合时事热点提高图书销量。例如2005年,纪念反法西斯战争胜利60周年的各种活动还没大范围展开,卖场就集中准备,推出二战图书系列,获得很大收益。此外,在重点展区组织展销和促销也是促进销售的绝佳法门。以2005年《哈利·波特与混血王子》上市时为例，当时卖场抓住销售时机，利用其大品牌、读者关注、出版社宣传等有利因素，采取"提前预订"的方式进行造势，预订达5 000多册，这本身也带来了销量。

北京图书大厦的实例启示我们，卖场经营在图书销售环节扮演着重要的角色，同时，在销售一线也便于搜集读者信息、了解市场动态，对图书出版和销售都起到了重要的作用。因此，对卖场经营相关的素质和技能的培养，也成为图书出版发行人员培训的重要组成部分。

2.4.1 书店卖场布置

书店业有这么一句话："经营书店其实是在经营空间，经营氛围。"从现在业界的发展趋势来看，诚品书店、万圣书园等的成功都说明书店卖场已经不是单纯的销售图书的市场而已，书店还担负着一种文化媒介的角色，为读者打造一个充满文化气息的空间，能够享受阅读乐趣的空间，已经成为书店卖场经营的重要目标之一。书店卖场空间的打造和氛围的营造主要包括以下几个方面：

1) 书店卖场入口处[①]

卖场入口处可以摆放一些标语、图片、海报等，提示消费者来到书店这一独具文化氛围的空间，从而将消费者引入宁静致远的书海之中。

以北京风入松书店为例（图2.9），该书店设在地下一层，由入口至卖场有两个拐口，书店充分利用这个过渡空间，设置排行榜、贴标语、配图片，营造一种洗礼般的氛围，让人先静下心来，宁静以致远，然后再正式进入卖场置身于书的空间。

图2.9　北京风入松书店入口处装饰

①　周斌.书店经营宝典：图书市场的各种卖场布置方式[J].出版沙龙,2006.

2) 卖场整体氛围的营造

卖场可以通过一些别具风格的布置来营造整体氛围,从而区别于其他卖场。读书氛围的别致与悠长,对吸引客流量,延长消费者驻留时间和购书时间,加深消费者情感认同都有着极大的作用。

以北京万圣书园为例(图 2.10),它在进门处悬挂的"燃一烛书香,续一份书缘"的标语就带来了浓厚的学术氛围。而店内口袋式的布局,使读者进入每个单元就仿佛置身于某一类书的海洋,最有特色的就是其中一个"口袋"的墙面和天花板上贴满了解放战争时期的《新华日报》的复印件,令人倍觉别致和新颖。

图 2.10　北京万圣书园环境

三联韬奋图书中心则用古筝的音乐烘托出一个书香的空间;北京海淀图书城和爱书店用各种小镜框来点缀空间,把常卖的杂志封面制成镜框、把办理优惠卡启事制成镜框。这些对营造卖场整体气氛,打造良好的读书购书环境都起到了至关重要的作用。

3) 导购标识的布置与建造

近年来国内倒闭的万平方米以上的书城就有数家之多,可见一流的卖场、全品种的图书并不一定就能带来一流的销售业绩。不少消费者抱怨进入一个图书大卖场就像掉入了图书海洋,很难知道自己所需的书到底栖身于何处。因此,书店的导购标识的布置和建造就成为书店卖场布置的重头戏。读者导购标识,导购服务的到位已成为图书卖场销售工作的一大"突破口"。

以天津图书大厦为例,其以设立"大导购"为突破口,在书店卖场布置上采取了以下措施：

①在每个楼层建立了计算机查询台，读者可以自行查找所需的图书；

②为方便读者选购，在各层热卖区位置划分出"新书区""推荐图书区"及"大厦排行榜区"，更加主动地为读者推荐好书和新书；

③规范大厦卖场的 VI 系统，包括卖场布局、图书展示、图书陈列、POP 广告宣传等；

④加大重点图书的宣传力度，在大屏幕滚动播出大厦新书和畅销书排行榜，加强推介。

这些导购标识的布置，切实改善了消费者找书困难的问题，对图书卖场销售的提升、消费者购物体验的改善起到了重要作用。

4）其他硬件设置布置

书店卖场的布置除了打造氛围、方便消费者之外，很重要的一点在于为消费者提供更加优质完善的服务。除了工作人员的无形服务之外，一些硬件设施布置的有形服务也起到了重要作用。

例如，宁波新江厦书店早在 1994 年就为读者提供休息的座位。南京先锋书店（图 2.11）更在沙发、桌椅之外提供桶装饮用水。此外一些提供饮料的"休息区""茶座"的布置，既能够为消费者提供附加服务，又能带给书店卖场额外的收入。

图 2.11　南京先锋书店

【相关案例】

重庆书城：包装体系完整　告知方式多样

重庆书城地处重庆市渝中区解放碑步行街商业中心，分为六层，营业面积约 1.4 万平方米。重庆书城于 2003 年 9 月开业，其内图书品种约为 20 万种。重庆书城十分重视书店卖场的布置,创建了一整套书店包装体系,充分利用其位于 CBD 核心商圈的地理优势,吸引了众多的消费者前往购书,多次成功地举办了图书营销活动。

据重庆书城业务策划部经理介绍,他们在设计重庆书城布置时,走访过其他很多书城,吸取了大量的经验和教训,最终形成了重庆书城的一套完整的包装体系。包括书城卖场的门厅包装、标识、挂旗和海报的语言、颜色等。同时,每个楼层都会统一满场悬挂书店内部活动的主题营销海报。这些整体包装每个季节变换一次。例如春天的时候悬挂"知书达礼"——买书送礼品的海报。2005 年夏季的时候,为配合暑期销售,书店进行整体包装宣传"读行天下"教辅类夏令营,吸引了五六万青少年参加,比去年同期销售额增长 15%。

此外,在重点图书宣传与销售上,重庆书城通过全方位、多媒体的卖场布置来展示重点图书的宣传信息,使得消费者对流行、畅销的图书有更全面的了解。

具体包括:

1. 视频:重庆书城店内配有 LED 大屏幕,透过十几米高的店门,200 米以外都能看到上面的动态新书展示,吸引了很多顾客。扶梯处设置液晶电视不间断播放 VCD 视频,进行重点图书的推介。这些视频都由重庆书城自己的专门制作团体制作。

2. 平面:各层卖场都利用手绘 POP、易拉宝、喷绘挂板、特色展架、展台等工具来进行图书宣传,同时,每个楼层收银台处都有上周图书实物排行榜的专有展示架。

3. 广播:20 分钟为一周期,将重点图书信息在店内循环播放。

4. 宣传册:每月都有一期宣传导刊。印制 2 万份左右,摆放在各收银台由读者免费取阅,并联合上游出版社印制会刊,针对会员以投递的方式发放。

此外,寒暑假期间书城还在多功能厅举办小型的公益影院,播放弘扬主旋律的教育影片,吸引了大量孩子和家长。重庆书城这些卖场布置在很大程度上方便了消费者购书,营造了良好的购书氛围,同时对图书推荐和销售也起到了良好的促进作用。

【卖场布置小贴士】

卖场的入口设在右侧比设在左侧好?

入口究竟设在中央、左侧还是右侧曾产生很多争议,而结论往往由领导来决定。从科学研究的角度来看,卖场入口应设在右侧。

入口设在右侧较好的理由如下:

(1)开设超市、大卖场较成熟的美国、法国、日本等国家,大卖场入口都设在右侧。

（2）视力右眼比左眼好的人多。

（3）使用右手的人较多,等。

由于人都有用自己比较强的一面来行动的习惯。以右手做主要动作的人,注意力往往集中在右侧,由右侧开始动作,这是为了弥补左手的弱点。因此,对顾客来说,能自由使用右手的卖场,便会成为顾客的第一卖场。卖场把顾客的方便置于卖场的方便之上,整个卖场贯彻这种方针来服务,卖场将会变成优良的卖场。

2.4.2　书店卖场陈列

书业中有个"二八法则",即由百分之二十的图书品种支撑百分之八十的图书销售。而其余百分之八十的品种弥补其百分之二十的销售,但这百分之八十的品种却比较平稳,因为也正是这百分之八十的品种才是吸引读者走向其书店的动力,而且这百分之八十的品种也是书店保持其特色的一个重要环节。

在书店卖场陈列的时候,经常需要考虑到这一因素,通过对重点图书、畅销图书,以及其他类图书的陈列摆放方式的区分,来达到促进重点图书、畅销书的销售,宣传书店卖场自身特色和经营理念等目的。业界的各大书城,也纷纷通过各种独具匠心的陈列方式来达到更好的宣传效果。

【相关案例】

崇文书城:独具匠心的图书陈列

崇文书城(图2.12)地处武汉市雄楚大街,一层,营业面积约为1.2万平方米,于2003年4月开业,约有20万种图书,1万多种音像制品。据崇文书城企划部的熊方介绍,该书城最大的亮点在于以新颖的图书陈列来吸引读者。

崇文书城定期在中厅、专区陈列图书,并独具匠心地摆出造型不同的书堆吸引读者的眼球(图2.13)。他们的主题陈列特色鲜明,其按照主题将相关的图书和音像制品陈列在一起。比如儿童图书和相关动画片放在一起。又如,时代光华的管理类碟片也会陈列在经济管理类图书旁,并配有电视播放,必要时配以专人讲解,让读者更好地了解课时内容。书和碟片在图书卖场和电子音像区都相互陈列加以强化。这种多媒体组合的图书陈列方式很受读者欢迎。

从崇文书城的案例我们可以得出,新颖的图书陈列方式对吸引消费者眼球,促进图书销售有着极大的促进作用。一般而言,图书陈列需要根据卖场的实际情况来合理进行。具体要注意以下几个方面:

1)陈列造型

陈列造型总体而言应该简洁并且体现特色。摆放形式主要有:圆形、螺旋形、

图2.12　崇文书城"压岁图书贺新年"图书销售活动

图2.13　崇文书城新年活动期间图书陈列

方形等。在陈列图书时应该和书本身的内容进行搭配,比如社科书摆放应该简洁庄重,少儿书则相对活泼一些。

2)设置专区专架

专区专架的设置可以让书店更有个性,也会有更具特色的图书摆放区域和陈列方式,因此,越来越为书店所接受。更重要的是,分专区、专架摆放陈列图书,能够大大地方便消费者的购书过程。在一个专区、专架就能买到自己想要的相关书籍,为顾客大大节约了时间。

3）注重类别的过渡与隔断

在图书陈列过程中，不同类别的图书需要考虑过渡，有些甚至需要运用到隔断。例如经济与法律、社会学与哲学、历史等门类之间，多采用自然过渡的方式，可以运用标识、通道等方式进行过渡。而类似音像制品、少儿读物、教材教辅类的图书，则尽可能地陈列在相对独立的区域。

4）重点图书陈列

重点陈列的图书品种一般包括：紧跟社会形势、适合当前市场需求的图书；名家名品；时效性强的图书；有较好的销售前景的图书；需要重点推荐的图书以及正在举办活动的图书等。

对重点图书的陈列一般要注重"平台陈列"。一般认为，"书躺着总比站着好"，"躺着"能让消费者看到封面，从而对图书有基本的认识和兴趣；而"站着"只能看到书脊，很容易被消费者忽视。

【图书陈列小贴士】

1. 各类卖场最佳陈列点

在传统零售书店与大卖场中，因一些不同的具体情况，受注意力极佳的陈列点也有所不同。

传统书店：柜台后面与视线等高的位置、中靠左的书架位置、靠收银台的位置、柜台上的展示位置。

大卖场：与目标消费者视线尽量等高的书架；人流量最大的通道，尤其是多人流通道的左货架位置，因为人有先左视后右视的习惯；书架两端或靠墙货架的转角处；有出纳通道的入口处与出口处；靠近大品牌、名品牌的位置；改横向陈列为纵向陈列，因为人的纵向视野大于横向视野。

2. 图书陈列的小常识

（1）标志明显，如果标明商品的价格、品牌，促销的效果增加25%，如果只标明品牌，效果仅增加18%。

（2）在大型卖场当中65%的读者会参阅陈列的标志、标价，有助于读者选购商品，加快其购买速度。

（3）在书架中图书陈列高度非常重要。理想的位置应该是0.8～1.3米的部分。书架上，距地面1.8米的销售额只是黄金段销售额的1/10。

（4）堆放式陈列比其他形式更具效果，堆放式可以刺激读者的好奇心，诱使其主动翻书阅读，堆放式图书的销售额要高出传统摆放图书销售额的一倍。

(5)店面广告非常重要。国外调查资料表明,70%的读者关注店面广告,22%的读者认为店面广告对零售企业非常重要,但不是决定因素,只有8%的人认为店面广告可有可无。

2.4.3　书店卖场图书分类

目前,大多数卖场图书陈列基本上参考《中国图书馆图书分类法》来实现分类,也就是我们常说的"中图法"。但是随着竞争越来越激烈,越来越多的书店卖场有根据不同的条件,结合市场导向和顾客心理进行图书分类的倾向。一方面是由于中图法的标准分类,是给业内人士参考的,而并非完全适应消费者的需要。另一方面也是因为"中图法"分类方式的"一统天下",难免让人觉得乏味和单调。

比如,在书架分类上标明"社会科学",可能大多数的普通消费者并不知道这种分类的具体所指。因此,就需要更加个性化的、更加鲜明的图书分类方式和分类标识。例如,有的书店就紧紧遵循市场动向来进行图书分类和标识,股票基金类图书红火的时候,就专门开辟书架和展柜,标明类似"明明白白炒股"这类的分类标识。而不是将这类图书混杂在"金融经济"的书架中。这样的做法对吸引消费者眼球,帮助消费者尽快找到所需图书有着良好的作用。[①]

图2.14　南京先锋书店一层

除了对书店卖场图书按书架、专柜的方式进行分类、分区以方便消费者购书之外,实际上越来越多的书店经营者对图书卖场的楼层布局开始进行了思考。看似简单的图书楼层分类,也需要考察市场动向,考虑顾客心理(图2.14)。曾担任过

---

① 孙晶.打破中图法的"一统天下"[J].出版沙龙,2006.

28

云南新华图书大厦有限公司设计总监的张浩指出,一般来说,6 000平方米以上的书城,可以允许有二到三层楼面,这时,就要考虑每个楼层的图书分布了。[①]

例如,图书大卖场的一层放什么类的出版物品更好?近几年新开张的书城纷纷选择了音像制品,如北京中关村图书大厦、上海博库书城、北方图书城、沈阳新华购书中心等。这是因为"音像制品整体整齐、大气、宽敞,显得精致,同时可以有效地疏散人流"。同时,音像制品没有淡旺季,不会出现突然拥挤不堪的场面,也总能保持客流不断。而以新华书店为代表的大多数图书卖场还仍是遵循传统的做法,将社科类图书放置在一层。这是由于社科类图书很大一部分著作是马克思主义、毛泽东思想、邓小平理论等,新华书店还是承担了政府窗口和党政宣传功能。

【业界动态】

部分书店卖场图书分层分类方式

1.北京图书大厦:

地下一层:原版图书专区,分为读物区、生活区、艺术区和社科区;

一层:社会科学图书,包括:领袖著作、哲学政治、经济管理、旅游地理等;

二层:少儿读物和文学艺术类图书,包括:低幼读物、学前教育、少儿科普、中外文学、艺术理论、古籍鉴赏等;

三层:文化教育类图书及音像制品,包括:教育理论、课本教材、外语教材、数码产品等;

四层:科学技术类图书,包括:科普读物、各类地图等。

2.沈阳新华购书中心:

一楼:经济管理、音像制品

二楼:社会科学、文学类图书

三楼:生活、地理、旅游类

四楼:学生教材、教辅类图书,少儿读物

五楼、六楼:以专业化为主,如建筑、艺术、科学技术等

3.上海书城:

一层:生活休闲馆,包括趣味阅读、主题展示、实用生活、旅游地图等

二层:文学史地馆,包括中国文学、文学理论、历史、军事等

三层:人文社科馆,包括经济、工商管理、社会科学、法律、财会金融、哲学政治等

四层:文化教育馆,包括高中教辅、连环画、汉语学习、成人教育、教辅、少儿读

① 孙晶.卖场楼层分布移步换景的科学[N].出版商务周报,2007.

物等

　　五层:科学技术馆,包括工业技术、计算机、医药卫生、中医学、自然农业等

　　六层:视听音像馆,包括音像制品、音乐曲谱、实用软件、阳光咖啡吧等

　　七层:艺术珍藏馆,包括美术设计、书法艺术、动漫卡通、港台海外图书等

　　4.云南新华图书大厦:

　　一楼:畅销、精品图书,含文学艺术、社科类图书

　　二楼:音像、文化用品、少儿、电子产品

　　三楼:专业类图书,如生活百科、计算机、建筑、医药、工业等

　　四楼:教育类图书

（来源:出版商务周报 2007 年 6 月 25 日）

　　因此,书店卖场图书分类不仅仅是简单地按照"中图法"分区分类即可,而是要综合考虑书店的特色和市场的动向,对图书进行分层、分区、分架分类,才能真正做到方便消费者,扩大销售量。

【相关案例】

南京书城:个性化图书分类

　　南京书城地处南京市中山东路国际贸易中心,营业面积约为 1.2 万平方米,约有 16 万余种图书。南京书城侧重在服务上的个性化和人性化,尤其是其导读系统的建立,为各种消费者提供了适合其阅读购书的良好方式。

　　其图书分类上采用按人群和专业进行分类的方式,而非机械地使用"中图法"分类。南京书城图书分类的最大亮点在于其独具特色的分类榜导读。与其他书店的按照文学、经济、教育等类别进行排行榜不同,在南京书城,最常见的分类榜是"MBA 专柜"、CEO 书房、领袖书房、女性小资必读榜等。这种将传统的分类榜重新按人群进行分类的方式,便于读者自动对号入座,节省找书时间。这些榜单一般都由专人负责,两周更换一次。

2.4.4　书店卖场图书导购

　　在消费者购书的过程中,书店卖场营业人员的导购对其影响无处不在。营业人员的导购内容主要包括:帮助消费者找到图书、推荐消费者相关图书、促成消费者购买图书,此外解决消费者在购书过程中遇到的问题和困难也是营业人员进行图书导购工作的重要组成部分。

　　目前,关于如何更好地进行图书导购工作,各大书店都会进行相关的制度设定和培训。例如,设立导购台;设定专人专区;设定标准用语和标准流程;进行员工培训和教育;等等。

一般而言,图书导购除了熟悉卖场的分区、分架以便于帮助消费者找到所求图书之外,还需要对消费者心理进行把握。例如,通过消费者的年龄、学历、兴趣、爱好、工作要求,以及当前的热点来把握读者的阅读心理,从而更好地向消费者推介某类图书。此外,从消费者的一些行为反应也可以了解其需求,从而更好地促进销售。比如,当消费者正在快速翻阅时,可以告诉读者此书的销售情况和市场的反应,以促成其购买;当消费者购书犹豫,无法抉择哪本书更适合自己时,可以通过一定的销售技巧,将认为较好的图书推荐给读者,也可以很快促成购买。

此外,如何巧妙地回答消费者的问题,处理消费者的抱怨也是营业人员在图书导购过程中需要重点掌握的,对此大多数书店都会有相关的管理章程。下面是对一些在图书导购工作中常遇到问题的处理方法的总结归纳。

1)如何巧妙处理消费者的埋怨

对于消费者的埋怨,营业人员首先应该微笑服务,耐心解释,并尽可能提供帮助。如果消费者有过激行为,也最好不要与之发生正面冲突,应反映给上层,以便更好地解决。

2)消费者要买的书缺货怎么办

遇到消费者指定的图书缺货时,可先指导消费者到缺书登记处进行缺书登记,知道是哪家(些)出版社后立即进行添货,以最短的时间组织到货,通知消费者前来购买。

有的图书没有进货时,要先心平气和地解释书店没有获得该书的经销权,不要和消费者发生冲突,然后建议其到其他书店去看一看。

3)消费者要退换图书时怎么办

遇到消费者需要退换图书,只要是本店购买(凭小票),而图书本身没有损坏,一般在3~7天内可以退换。但过了退换期限还要求退换的,如所买图书本身没有任何损坏,而该书确实不是读者所要的版本时,可视具体问题具体商量解决,不能一概而论。

【图书导购小贴士】

一、图书导购应用/忌用语言

1.消费者需要帮助时

应说"请问要找哪类书""我带您去找""我给您找出来"。

忌用"不知道""你自己去看""你自己去找""没有"。

2.消费者有批量订货意向时

应了解并问清具体情况或热情引至主管经理处。

忌用"你到底能订多少""我不知道有没有这么多""我不知道什么时间到书"。

3.礼貌用语

不能立即接待顾客时,应说"请您稍候""麻烦您等一下""我马上就来"等。

对在等候的顾客说"让您久等了""对不起,让你们等候多时了"等。

当顾客向你致谢时说"请别客气""不用客气""很高兴为您服务""这是我应该做的"等。

当顾客买不到商品时,应向顾客致歉,并给予建议,其用语为"对不起,现在刚好缺货,让您白跑一趟,您要不要换一种试一试?"或"您要不要留下您的电话和姓名,等货到时立刻通知您,这是我们的电话,有空您打电话来问一下,行吗?"

二、卖场导购注意事项

1.与顾客交谈的用语宜用询问、商量的口吻,不应用强迫或威胁的口气要顾客非买不可,那会让人感觉不悦。

2.要有先来后到的次序观念。先来的客人应先给予服务,对晚到的客人应亲切有礼地请他稍候片刻,不能置之不理。

3.营业场所十分忙碌,人手又不够的情况下,记住当接待等候多时的顾客时,应先向对方道歉,表示招待不周恳请谅解,不宜敷衍了事。

4.营业员在读者交款后也应注意服务品质,要将图书装袋后,双手奉给顾客,并且欢迎下次再度光临。

5.有时一些顾客可能由于不如意而发怒,这时营业员要立即向顾客解释并道歉,并将注意力集中在顾客身上,要克制自己的情绪。

2.4.5　书店卖场图书结算

结算是消费者购书过程中的最后一个环节,也是书店卖场获得销售收入的最终环节。营业人员在结算过程中,除了要具备基本的结算能力,遵守结算流程,如扫码、录入、找零、包装等,还应该保持热情礼貌的态度。

有些书店卖场在结算收银台上会摆放重点推荐图书,营业人员在结算过程中可向消费者推荐介绍。有些书店有会员卡制度,营业人员在结算过程中应该先询问消费者有无会员卡,如果没有的话是否需要办理。

除此之外,结算环节也被各大书店认为是宣传书店理念和特色的重要环节。尤其是在为消费者进行图书打包的环节,例如三联韬奋图书中心倡导绿色环保,因此多采用牛皮纸和麻绳进行包装。还有的书店会采用印有书店 LOGO 的包装袋进行包装。此外,在一些特殊的时间段,某些图书分区的结算人员结算压力较大,因此需要其他营业人员的协助。例如周末和寒暑假少儿类图书的销售都会达到高峰,因此需要加派人员进行图书结算。这些都是在图书结算环节需要注意的。

2.4.6　书店卖场图书盘点

图书盘点也是书店卖场工作人员的重要工作之一。可靠的盘点是书店实现库存准确的开端,也是书店评估管理状况的重要手段。很多书店都非常重视盘点,认真对待盘点的整个过程。一般而言,图书盘点过程包括:整理、清点、取样、录入四项工作。

不同规模和类型的书店,图书盘点工作的执行和组织方式不太一样。大中型书店、连锁书店的盘点组织工作比较复杂,人员分工和培训、货架整理和规划、盘点方法选择、设备筹备调试、事前事中监控等,有许多地方需要注意。

盘点工作可分为几个流程来组织执行。

1)盘点前规划

盘点前规划主要分为对盘点场地的规划以及前期数据的录入整理等方面。例如盘点分架时,最容易出错的是分架不明显的成堆的书,要注意创造空间位置明确分开;负责整理货架的人员应事先点数,样书摆放要方便盘点人员抽出和扫描等。

对于前期数据而言,未录入的手工单据、体外循环的图书等,应在盘点之前妥善处理,及时补录、辨别,以免在盘点的过程中出现差错。对于连锁书店,更要注意保证分店的图书信息、库存信息与系统主机保持一致,在盘点前应该先通过连锁系统跟系统主机进行完整的数据交换,保证跟系统主机的有关数据同步。

2)盘点中控制

一般而言可以采用对货架数据进行手工汇总复核的方式对盘点结果进行有意识的检查和防范,从而确保在更新库存、产生盈亏前不会因误操作或系统故障等情况而使原始盘点数据出现错误。此外,在盘点期间还要对物流走向进行事先筹划和严密监控,以保障盘点数据的准确性。

此外,由于盘点期间人的状态比较紧张,时间长了很容易发生差错,另外盘点现场往往比较混乱,断电、打翻等意外事故也常常遇到,因此在进行每一个重要操作之前,以及每一个阶段性的时间(例如盘完一个架),最好都执行数据备份。万一发生差错,还可以还原到操作前的状态。

3）盘点后的数据处理

在盘点的最后环节中，对数据的汇总、生效和设置期初等关键环节，仍然要注意，避免影响盘点数据失真的隐患。

【图书盘点小贴士】

图书盘点的注意事项①

1. 图书盘点前要整理图书。例如，把相同品种的图书放在同一个书架内，并且把书整理排列好，同一品种的图书需要集中放在一起，每一个品种的图书选出一本样书，样书横放或突出处理，同时在样书中夹一张小纸条，写上这种书在这个书架上的数量和所属架号，注意样书方便抽取。

2. 执行盘点时要按操作流程，按照逐个架号顺序落实完成。盘点录入时注意要同一个书架的内容规定在固定一台电脑里录入，而且同一个书架的所有品种的盘点过程必须固定由一个盘点小组完成。

2.4.7 书店卖场客户服务

书店卖场是直接与消费者接触的，它的作用显而易见。卖场的员工包括与消费者面对面接触的营业员、收银员、理货员、促销员等，也包括从事卖场管理的主管人员，这两者在留住消费者这一任务上都具有各自重要的作用。作为卖场工作人员，首先应该从留住消费者出发，其长期目标应当是通过与消费者建立良好的合作关系来提高销售业绩。②

【相关案例】

中关村图书大厦：会员消费拉动销售

中关村图书大厦地处北京市海淀区北四环海淀桥，图书大厦占地四层，营业面积近万平方米，图书品种约有 26 万种。中关村图书大厦坐落在中关村科技园区，周围高校、科研单位林立。这一区域读者群的科学文化素质普遍较高，阅读量也较大。

因此中关村图书大厦针对性地提供了会员服务。一方面，有目的地根据消费者需求调整图书结构。比如更加看重专业类、学术类图书的销售特色，尤其是原版图书的销售。另一方面，提供会员卡系列服务，办卡就能够享受折扣和相应积分活动。据悉，在图书城林立的海淀高科技区，中关村图书大厦在开办会员卡服务的两

---

① 广智公司内部 bolg. 谈谈书店盘点流程.
② 范树立. 天津图书大厦销售启示录——正确导向与经济效益[N]. 中国新闻出版报,2005.

年内,会员就激增至 13 万人。个人会员年消费额最高达到 5 万元,会员消费占到总销售额的 45%。

由中关村图书大厦的成功案例可以看出,良好优质的会员服务能够给图书销售带来巨大的助推力。实际上,除了会员服务外,书店卖场的客户关系服务还包括各种导购服务、缺书登记、电话预订、售后服务以及大客户计算机管理等。

2.4.8 书店卖场物流管理

近年来,传统的书店经营模式逐步向集团化、连锁化经营发展。规模扩张使物流的作用更加举足轻重,书店卖场物流系统的发展和物流管理的创新,是提升物流效率、实现利润的一大关键。[①] 很多人说,书店卖场能够赢得读者的一大要诀就是新书到货早、上架快、补货快,而这些必然要求在物流管理上抢占先机。

目前,多数书店卖场都将物流的建设重心放在了信息管理系统的建设上。福建新华发行集团物流中心主任王路光就曾表示过:"物流信息系统能减少大量的人力、物力,是提高物流作业的质量与效率最有效的手段。"除此之外,对图书的包装、搬运的机械化和自动化也是决定物流效率的重要方面。

除了对信息管理系统加大建设力度之外,大部分省市书店卖场都走上了建设图书物流中心的道路,例如山东省新华书店物流中心等。图书物流中心主要包括以下功能:进货功能、整理分拣功能、加工功能、储存保管功能、配送功能、信息处理功能等。建立物流中心一方面能够降低物流成本,另一方面能够更好地发挥品牌优势,提高服务质量。

物流中心的运作管理是个较为复杂的系统,主要包括:进货作业、搬运作业、储存作业、盘点作业、拣选作业等。

进货作业管理时一般最需要把好质量关,主要包括从货车上将货物卸下并核对货物的数量及状态,然后将必要的信息书面化等。收货环节则是将图书转移到消费领域的过程,包括卸货、点数、分类、验收、搬运到物流中心的储存地点等工作。

在书店卖场的物流环节中,搬运作业约占据全部作业的 60% 甚至 70% 以上,从入库、保管、拣货、流通加工、出库、装卸、配送等所有过程中都少不了搬运作业。因此,搬运的合理化对书店物流管理十分重要。一般来说有以下几个事项需要注意:

(1)尽可能地将图书集中整理为托盘的方式,在搬运途中不至于倒塌;

(2)尽量将人工作业改为机械化作业,从而提高搬运效率;

① 张福财.书店物流系统:实现利润的关键[J].中国新闻出版报,2010.

卸费用的增加；

(4)尽可能降低不必要的装卸和搬运,并减少重复作业或暂时放置等作业；

(5)在搬运货物时,尽可能利用可以利用重力的设备,就搬运的成本而言是最经济的。

2.4.9　书店卖场书库管理

书店卖场书库管理事关书店图书的储存工作,是书店图书销售的重要保障。因此,书店卖场书库管理需要注意空间的有效利用和存量的有效控制。

一方面要求加强对书库储位的管理,使书库的图书与储位系统的每一点建立一一对应的关系,从而让工作人员能够快速方便地知道某类图书的存储位置,使得每一批次的每种图书皆有一个"地址",以便快速找到。

另一方面要求加强对图书的库存管理。例如图书的有效期管理,尤其是一些计算机类和期刊类图书的有效期管理。此外,对于图书的周转期管理也很重要。提高图书库存周转率,在同额资金下的利润就能越高。

在书店卖场的书库工作要求相关工作人员必须加强责任意识,为更好地达到科学管理书库,完善书店卖场的图书销售流程,需要注意以下几个事项：

(1)书库应该保持图书资料的存放整齐、清洁,应设置书架标目,方便存放查找；

(2)非书库人员,不得随意进入书店卖场库房；

(3)注意保持书库卫生,严禁在书库内吸烟、吃东西；

(4)注意做好防火、防潮、防虫等工作,工作人员下班前,须关闭电灯、门窗帘,防止事故发生。

2.5　书店分销

随着经济社会的飞速发展和发行政策的不断完善,我国图书发行业由当初垄断经营的新华书店,走向今天新华书店、民营、外资、业外资本、出版社自办发行、系统发行及非法经营等多种购销形式并存的书业发行市场;由当初的国有与民营竞争,转变为如今的内外资本竞争,这标志着我国图书发行产业市场逐步趋向成熟和规范。

2.5.1　大书城

1) 概述

所谓大书城,是指营业面积在 5 000 平方米、常年经营图书品种 10 万种以上,以零售式满足读者一站式购书的图书销售书店。根据其经营规模,大书城包括大型书城和超大型书城两种,前者是指营业面积在 5 000 平方米、常年经营图书品种 10 万种以上的书店;后者是指营业面积在 1 万平方米、常年经营图书品种在 20 万种以上的书店。

图 2.15　深圳中心书城

1994 年 11 月 23 日,我国第一家超级书店——广州购书中心开业。该购书中心是由广州市新华书店集团有限公司组建的,该购书中心的经营面积由当初的1.5 万平方米,增加到如今的1.8 万平方米,经营品种由开业初期的 1 万多种发展到现在的 18 万多种书籍、5 万多种各类音像制品和电子出版物等。

2006 年 11 月 1 日,当今世界上单体面积最大的书店——深圳中心书城(图 2.15)开始试营业。该书店营业面积达 35 125.8 平方米,经营品种无论从出版物文种、版本或是品种都是国内书城之最。另外,该书城还特意规划了约 400 平方米的 24 小时书店、二手古籍书店、外文原版书店等特色书店,并提供多种配套服务,是一个集购书、娱乐、休闲为一体的"体验式"书城。

2）大型书城的经营特色

（1）规模大、品种全

对大型书城的经营面积都要求在5 000平方米、经营图书在10万种以上，所以大书城除了经营图书、音像、电子软件等出版物外，还配置休闲娱乐等商业服务。如厦门书城（图2.16）拥有13 000平方米的经营面积，图书品种多达15万种，不仅囊括了内地出版的70%以上的图书、音像制品、电子出版物，还网罗了我国台湾地区符合内地市场的60%的图书出版物、40%的音像制品和电子出版物，书城共五楼，在进行图书零售的同时，还引入了银行、书吧、漫画屋、网吧、儿童乐园等生活休闲产业，是一个集购书、娱乐、休闲为一体的"体验式"书城，读者在这里可以各取所需，各得其所。

图2.16　厦门书城

（2）环境好、管理优

就像环境成就了麦当劳的商业模式一样，优美的购书环境也成就了大书城的发展。鲜明、浓重的文化氛围和舒适优雅、安静、环保的读卖环境是书城区别于其他商场的显著特征。如深圳中心书城是一座生态建筑，在满足功能需求的同时，最大限度实现建筑、人与环境的和谐，其首层设有可供游客漫步的回廊，二层有观景平台，屋顶为绿化与生态广场并分布有玻璃采光带，书城东西两边是"诗""书""礼""乐"四个各1万平方米的绿色文化主题公园，体现着经营管理者的独具匠心，营造着清新的文化艺术氛围。读者在这样一个购书天堂，其阅读欲和购书欲都有利于被激发。

无怪乎有人说，只要有图书，只要有城市，只要有商业，就会有大型书店，大型书店会长期生存下去,因为其有着其他书店所不可及的优势。

2.5.2 综合书店

综合书店是指经营图书、音像、电子等各类出版物的出版物分销模式。综合书店的经营面积在 300 ~ 1 000 平方米,常年经营图书 1 万 ~ 5 万种,通常位于城市区域中心或商业区,面向广大市场,也就是现在的区店中心门市部。

综合书店除有着和大书城类似的品种丰富、多元化服务特点外,还有着交通便利、客流量大的特点。如南山书城位于深圳市南山商业文化中心区,其南面是大型商场,东面为文体公园,北面接地铁出口,客流量大且交通极为便利。

如今,文化成为提升自我综合竞争力的一个重要部分,人们对精神文化需求也逐步增长,书店的发展越来越迅速。尽管综合书店有着优越的地理位置,但因其处的市场位置十分尴尬,如在品种和规模上不及大书城丰富和大气、在购买过程中不如社区书店和网络书店便利、在图书内容上不如专业书店有针对性等缺点,在各类图书分销商的夹击中,综合书店的生存处境真可谓举步维艰,综合书店的发展有待寻求新的机遇。

2.5.3 专业书店

1)概述

现代社会分工的细化和专业化,导致读者对知识的了解既细致又深入,为满足读者个性化的需求,专业书店应运而生。

所谓专业书店,也称特色书店,是指专门向某一行业、产业及其相关领域提供书籍的书店。专业书店的图书品种比较单一,一般只经营一类或几类内容紧密联系的图书。

20 世纪 80 年代中期,西方文化的渐进,人们对于人文社科等方面知识的需求也越来越多,社会上便出现专门销售人文社科方面的书店,这应该是早期专业书店的雏形。

1983 年,水利电力出版社杭州发行站(杭州建筑书店、杭州电力书店、杭州兴科水利电力图书有限公司,图 2.17)成立,这是我国建立最早、规模最大的专业书店,并自办网上书店。主要面向电力、水利水电、建筑、交通、化工等相关行业专业读者,为广大读者提供相关专业科技图书的动态出版信息和行业有关信息。该书店连续 15 年被中国电力出版社、中国建筑工业出版社等出版社授予"先进单位"称号;多次被中国书刊发行协会评为"信誉良好的图书发行双优单位";2006 年度被评为"浙江省十佳最有影响力的出版物批发单位"。

图2.17　书店外景

2）专业书店的分类

专业书店的细分灵活而又多样。

首先,按图书内容进行细分,有文艺类专业书店,如红梅学术书店;科技类专业书店,如地球科学书店——搜海书店;财经类专业书店,如证券书店——北京长阳盛业书店;生活休闲类专业书店,如美容美发书店等。

其次,按读者对象分,可分为儿童书店、中老年人书店等。

再者,按社会分工职业不同,又可分为建筑类书店、农业书店、珠宝书店、园艺书店、服装书店、医学书店、心理学书店、法律书店等。

另外,按经营方式又可分为集体专业书店和个体专业书店、实体专业书店和网络专业书店等。

此外还有考试书店、宗教书店、外文书店等。随着出版市场的不断细分,一些经营特色显著、专业化分工明确的专业书店也开始越来越多。

3）专业书店经营策略

(1)个性化服务

专业书店常带有浓郁的经营者个人思想,经营者多有着行业背景,能够回答读者购书时的专业性问题、给读者以专业的建议和帮助、向读者提供多角度全方位的专业书籍及资讯。如大连博立文海事书店的店员多为航海专业毕业,对该专业的法律法规专业知识掌握较深,能为读者提供专业服务,书店也因此得到航运界人士的青睐和好评。

很多时候我们都有着为图书一部分内容而买整本书的情况,在按需出版尚未完全实现的今天,很多专业书店提供着类似的服务,即资料复印。根据《著作权法》的规定,人们为学习、研究等个人需要,进行非营利性目的适量复制和引用是一种合理使用。现在有不少专业书店也把复印当作书店非营利性的延伸服务,通过复印一些精美昂贵的图书杂志的章节来进行图书宣传促销。

(2)拓展经营深度与广度

某一专业的纵深拓展又可分出许多细小专业,所以专业书店内的经营一定要品种数量齐全,在图书产品上要求深而广。专业类图书的初版印数多为 4 000～8 000 册,且短时间内不会再印,而专业书店与出版社有着紧密的业务联系,往往能在第一时间掌握其出版信息。如中国新闻书店常与人民日报出版社、中国广播电视出版社、武汉大学出版社等保持联系,以及时增加专业书籍品种。专业性强,人无我有,人有我新,人新我精,满足读者专业化的需求,培养忠诚的读者,是此类书店的最大特色。

(3)整合营销

专业书店一般聚集在高校或专业机构周边,消费者比较集中且稳定。但别以为他们就此等顾客上门,其实很多专业书店的营销模式都是多元化的,他们除了守住实体店外,大多都兼具会员制、连锁经营、网络营销等营销策略。

专业书店是图书市场细化的需求,也是出版业市场成熟的结果,专业书店是一个长期服务读者、培育市场的过程。靠近读者,量身打造贴身服务,是专业书店取胜的法宝之一。

2.5.4　儿童书店

1)概述

2010 年,全国 580 家出版社(含副牌出版社)中就有 519 家申报了少儿类图书选题,占出版社总数的 89.5%,出版少儿读物品种接近 4 万种,占全国图书出版品种的 14.6%,少儿类图书总印数近 6 亿册,零售市场的品种达 8 万种。重视儿童健康阅读、推动儿童健康阅读、满足少年儿童多样化阅读已经成为我国出版工作的重心指向。

1959 年 10 月,由宋庆龄亲笔题名的少年儿童书店在上海成立,主要经营少儿读物、工具书、录音录像带、玩具、文化用品、家用电器、代售旅游票、徽章、工艺标牌等一般工艺品。到现在,儿童书店的发展已经走过了五十多年的历史,其经营范围也由当初单调的图书品种渐渐转向现在的教材教辅、儿童文学、科普读物、才艺兴趣、智能训练、父母读物、家庭综合、影视卡通等各方面的纸质书籍和多媒体互动出版物。

2) 儿童书店的经营特色

(1) 专业化经营

儿童书店是伴随着专业书店而兴起的,因其经营方式也与专业书店相似,许多人将儿童书店作为专业书店的一个分支,在经营管理上也循着专业书店的特色之路,如经营图书品种有着专业书店的深度和广度。

(2) 个性化服务

目前,我国青少年接受的义务教育是充实而繁重的,鲜明亮丽的店堂对欲求知识的青少年来说无疑是一个美好的知识海洋,给青少年营造了一个轻松、愉快的购书环境。

另外,儿童书店的营业员的工作耐心和热情感染着儿童读者及为其买单的父母,不少儿童书店开始在父母身上下功夫。儿童书店的经营范围开始向父母的阅读领域拓展,母子书店的经营策略和方式被越来越多的儿童书店所看好。

(3) 特色销售

真正让父母走进儿童书店的关键因素在于儿童书店提供的特色教育,即开展各种形式的文化活动,让儿童在娱乐中学习,如为青少年读者开设的阅读交流、签名售书、学习座谈、考前辅导、爱国教育、影视放映、特色培训班(如书法、美术、器乐、舞蹈、外语等)和为父母提供的亲子教育、考前座谈等活动,缩短了书店与读者的距离,吸引了更多的家长和孩子。

"再苦不能苦孩子,再穷不能穷教育",折射出我国积极向上的教育观。的确,知识已经成为人们生存、社会发展的最大资本,父母对孩子教育成本的投入也在不断加大,当父母为教育孩子发愁时,儿童书店指引着他们。

【相关案例】

1966年美国第一家儿童书店——往事书店成立,2003年,书店创始人退休后由一位老主顾接手,接手第一年,该店的销售额为175%,2007年,往事书店的销售额增长了7%。经营者表示,成功的秘诀在于她坚持在店面的装潢和布置上维持传统特色,强调历史感,同时不断拓展图书品种,在使用古老的书架陈列图书的同时,她还使用了最先进的库存管理软件。她说:"你不需要完全改变书店,但是要不断地开发它的个性和特色。"下一步,她准备启动的新业务是利用电动车为当地的老主顾提供送书上门的服务。

【实践训练】

从美国的往事书店看我国少年儿童书店的营销模式和发展。

2.5.5 大学书店

1) 概述

教育部教育发展研究中心副主任周满生在"2006 独立学院创新与发展论坛"上公布我国 2005 年在校大学生为 2 300 万人。近年来,由于我国高等教育招生规模仍持续增加,高等院校在校生人数也一路攀升,至 2009 年,我国各类高等教育总规模达到 2 979 万人[①],我国大学生所代表的市场潜力变得越来越庞大。

大学书店,顾名思义,指的就是开设在大学校园内或校园附近,向校园师生销售书籍的一种出版物分销渠道。在出版物消费市场中,大学生作为一个特殊的消费群体,把书店驻进校园成为拓展图书发行渠道的一种新潮流。

2) 大学书店的经营范围

(1)专业类书籍

大学书店的经营主要以满足师生阅读为宗旨,与学校特点、学科设置等情况相联系,所以许多大学书店的图书经营以教材教辅、学科参考、学术专业、实用工具书等为主导。

(2)发展类书籍

发展类书籍主要包括两方面:一方面是帮助学生从学校顺利走向社会,指导学生就业的图书,如管理类、经济类、励志类、科技发展等相关的书籍;另一方面是帮助学生顺利升学或深造的图书,如英语测试、研究生考试、从业资格等。

(3)休闲文学类书籍

与其他读者相比,大学生阅读时间较充裕,加之将来的就业压力,在学习之余,他们倾向于选择一些畅销书、经典文学、杂志、漫画、音乐休闲等出版物进行阅读或使用,一方面丰富课余生活、满足学习所需,另一方面开阔视野、提升自我,为将来的发展做准备。

大学书店的经营方式主要以出售为主,但也有许多书店兼具出售、租赁和复印三种方式并行。

---

① 董洪亮.我国高校毛入学率超过 24%,在校大学生达 2 979 万[EB/OL].中国经济网,2011-03-08.

3）大学书店的经营特色

（1）定位明确、业务稳定

大学书店（图2.18）的目标读者明确，以贴近师生、贴近教学为宗旨对校园师生服务；需求时间集中，一般集中在每学期的开学之初；需求量较稳定，学院的学科设置和招生规模为大学书店指明了经营方向；大学生的购买目的较明确和直接，主要有学习、发展和休闲三个方面，所以该类书店的经营者可以依照这些需求规律进行书店的进货管理，既加快了图书的流通速度，又减少了退货风险。

（2）地理优越、购买力强

尽管有着网络书店、专业书店等营销方式的冲击，但大学书店因与大学近距离的地理优势，为学生节省了购书的时间和精力，被他们所接受和认可。另外，大学生因其文化水平较高、自我意识与进取心较强、自主学习时间多和考虑到今后将面临的就业压力，所以他们对精神文化的需求也较大，对图书的阅读和购买欲望较强烈。

图2.18　大学书店一角

虽然高校也为大学生提供免费的阅读机会，但因图书馆资料的更新速度跟不上大学书店的添新脚步，如畅销书和专业书往往在市场发行很长一段时间后才出现在图书馆，而该类书店，他们通常与出版社有着紧密的业务联系，能在第一时间掌握出版信息。另外，大学生比较注重图书的保存价值，希望一次购买能多次反复使用，如经典文学、工具书、专业类等书籍在大学书店中有着较高的销售比例。

2.5.6 图书俱乐部

1) 图书俱乐部的起源和发展

图书俱乐部也称为读者服务部或书友会等,是通过吸收读者为会员,并向其介绍、推荐购买图书的现代图书发行方式。图书俱乐部通过定期或不定期地组织读书活动、提供寻书、图书评选、专家导读、读者联谊、低额打折等多种项目为读者服务。

图书俱乐部是个舶来品。早在17世纪的欧洲大陆和英国,时兴一种类似于社交场所的俱乐部文化,其内部设有书房、图书馆、茶室、餐厅和娱乐室,并定期组织社交活动,向会员提供餐饮、银行保险、联系和接洽等各项服务。第一次世界大战后,德国经济萧条、图书无人问津,出版面临巨大困难,为了降低图书成本,出版商于是采用规模式经营,这便是早期的图书俱乐部。

图书俱乐部在我国起步较晚。20世纪90年代,我国新华书店的连锁经营体制并未形成,出版社自办发行和二渠道售书很难承担读者买书难的重任。为搞活发行,解决买书难的问题,国家出版局于1982年提出"一主三多一少"的发行改革方案,1988年中宣部与新闻出版署又把发行体制改革向前推进一步,实行"三放一联",发行成为出版企业工作的重中之重,为中国的图书发行市场寻找新的销售空间迫在眉睫。1994年7月,我国第一家群众性的读书组织——七星读书会经广州市民政局批准正式成立。随后国内一些出版社、杂志社和新华书店等机构开始设立"读者服务部""读者论坛""书友会"等。

2) 图书俱乐部工作职能

在图书买方市场,与图书俱乐部相抗衡的有网络书店、书吧、邮购或图书直销形式,在激烈的市场竞争中,图书俱乐部的特色销售为它在发行市场上分得了一杯羹。其特点是:

(1)特色服务、无店经营

如果说为读者推荐或挑选好书是图书俱乐部的基本服务,那么定期组织作者见面,免费发放会员刊物便是给读者的增值服务。有些出版社的俱乐部甚至将新出版的书推荐给读者免费试读,并将他们的意见传播到网络供其他读者分享。如"起点乐读"读者俱乐部举办的购书抽奖、读者交流、写书评拿惊喜、推荐会员、攒集腰封换新书等特色活动,让读者共飨精神食粮,尤其是其倡导的"文学没有门槛"理念,鼓励大家踊跃投稿,为读者提供了实现梦想的舞台,深受广大读者的喜爱。

另外,图书俱乐部以无店经营、邮寄或送书上门的销售方式给读者提供购书方便,而读者的付款方式也灵活多样,读者可以通过邮局、银行转账或送书上门付款等支付方式,大大节省了读者购书的时间。

(2)价格优惠、顾客忠诚

为会员提供物美价廉的图书是该俱乐部的宗旨。会员不仅能够优惠买到书业界的图书,而且还能以低价买到俱乐部版图书,俱乐部所提供的价格往往是图书定价的40%,甚至是更低的折扣率。如德国图书俱乐部给其会员提供的折扣率是30%~50%,有些俱乐部甚至敢向读者声称,他们出售的图书是全国最便宜的。此外,图书俱乐部的会员折扣和积分兑换活动是出版社及其俱乐部维护并提高客户忠诚度,促进图书销售的重要营销手段。

(3)促进出版事业的发展

读者的购书情况是图书俱乐部掌握图书出版市场需求规律的有效途径。许多出版社根据多家俱乐部读者的购书信息(如图书结构、品种等)调节出书计划,既避免重复选题的发生,又提高出版社的竞争力。所以说,图书俱乐部在读者和出版社之间充当着交通枢纽的角色,有效地促进了我国出版事业的向前发展。

3)贝塔斯曼

1835年7月1日,印刷商卡尔·贝塔斯曼在德国居特斯洛创建了以本人命名的图书印刷公司,主要出版神学方面的书刊。其发行部经理韦克斯福提出的"把图书直接送到读者手中"的直销理念获得极大成功,这便是贝塔斯曼书友会的前身。1950年6月1日,建立了"书友会——贝塔斯曼读者圈"(图2.19)的销售模式:由资深的编辑为会员遴选和推荐好书并直接向顾客交付书籍,无需后者前往书店。6个月后,贝塔斯曼读者圈就有52 000名会员,一年后贝塔斯曼会员数达10万人,1954年读者圈迎来了第100万名会员,1960年会员人数已攀升到300万。随后,贝塔斯曼进军音乐业务,并采用新的技术对读者会员进行科学管理。

成功的销售模式、科学的管理方法推动着贝塔斯曼的向前发展,1962年贝塔斯曼开始跨国扩张,首选的第一站是西班牙的巴塞罗那,贝塔斯曼书友会来到西班牙后迅速享誉西班牙文坛。随后,贝塔斯曼在法国、葡萄牙、英国、意大利、美国和荷兰等国家和地区设立的书友会接踵而至。截至2001年6月30日,专业的书友会覆盖全球56个国家和地区,下属公司300多家,员工8万多人,服务数千万会员。

1997年,经过数年的基础工作以后,贝塔斯曼进入世界上人口最多的国

图 2.19　贝塔斯曼书友会

家——中国,在上海建立了第一个书友会,为我国唯一批准可以在中国境内进行图书零售的跨国公司。贝塔斯曼书友会及其经营理念很快风靡中国,截至 2007 年,贝塔斯曼已经在我国 18 个城市设立了 36 家书店和 53 家连锁书店,拥有会员 150万名,年营业额曾达到 1.5 亿元。但是很快,贝塔斯曼的情况急转直下,2008 年 6月 13 日,贝塔斯曼宣布:7 月 7 日停止接受任何订单,7 月 31 日彻底关闭在中国的全部书店,全面退出在华图书销售业务。

2.5.7　机场书店

1) 概述

图书的分销点几乎是无孔不入,书店在进军网络、进驻商场后,又争相进入了新兴领域——机场。

机场的客源大多为商务人士,在繁忙的工作中为跟上时代前进的步伐,他们不得不找些书籍来"充电",但他们鲜有时间去逛书店,因此,机场书店服务了他们,这就是机场书店的契机。机场书店的经营范围主要以经济管理类图书为主,配备畅销书、电脑网络、文学、社科书等,书店规模在几十到几千平方米不等。

国内较早进入机场书店市场的有林顿书屋、逸臣书屋、蔚蓝书店、学而优书店、中信书店等。机场书店得天独厚的地理优势、较大的客流量、高端人士的聚集地等市场优势成为继网络书店之后,出版商和发行商的必争地。从上海外文书店虹桥机场以 20 平方米的营业面积创下平均每月 20 余万元的营业额,到北京机场书店年销售额达 1 亿元的可观销售业绩,越来越多的图书供应商认识到机场书店的重要性。2008 年我国通航有客运航班的机场有 151 个,绝大多数省会城市的机场都已经有书店进入。

2）机场书店的经营特色

机场书店优越、明显的特征让其成为重要的图书销售渠道。

（1）地段优越、定位明确

因为机场面积有限,再加上机场旅客很多具有较高文化程度、注重阅读需求、消费力强的特点,所以机场书店大多以经管类、精英类、成功类、畅销类等图书为主,这些书尽管定价高,但内容符合他们的阅读所需,为图书找对读者,没有比这更适合的市场环境了。

（2）环境优美、服务至上

机场因与国际相接轨,所以在书店的设计上也具有现代感和流行趋势,在图书陈列上常以立体摆放或花样陈列,营造图书气势,吸引读者的注意力,在最短的时间内抓住读者的眼球。另外,机场书店面对的大多为购买力强、购买层次高的读者,所以,为他们提供高品质的服务是促进图书销售的有效途径,如起源于新加坡的 Page one 书店就是靠专业服务盈利,受过专业培训的服务员大多是从香港和新加坡调过来的,顾客很乐意为其提供的一对一高品质服务埋单。

当然,机场书店以少而高、精而贵的高傲姿态受到不少读者的批评。机场读者虽然量大但停留时间短,书店一定要选择符合大众读者所需的图书,多添加些休闲类、文艺类、大众化等平价读物,满足不同读者的需求,向市场和读者靠近。

2.5.8　网络书店

1）概述

网络书店也称在线书店、网上书店,是利用计算机网络为平台,搜集、整理并销售出版物的一种销售模式。

1991 年,世界第一家网络书店在美国联机公司(AOL)的网络上建立,其名为"阅读美国"书店,主要提供计算机类的图书销售。

1995 年 7 月,贝佐斯在西雅图成立亚马逊网络书店。在亚马逊网站上读者可以买到近 150 万种英文图书、音乐和影视节目。自 1999 年开始,亚马逊网站开始扩大销售的产品门,除图书和音像影视产品外,亚马逊也同时在网上销售服装、礼品、儿童玩具、家用电器等 20 多个门类的商品;2003 年亚马逊网站销售额达到 40 亿美元。其中图书销售额可以占到全美图书零售总额的 8% ~9%。2004 年 8 月 19 日,亚马逊以 7 500 万美元的价格收购了中国 BtoC 龙头企业,正式进入中国电子商务市场。

而我国内地第一家网络书店是 1997 年 4 月在杭州新华书店成立的。1999 年 11 月,由国内著名出版机构科文公司、美国老虎基金、美国 IDG 集团、卢森堡剑桥集团、亚洲创业投资基金(原名软银中国创业基金)共同投资成立的当当网正式开通。随后,中国寻书网、北京图书大厦、人民时空、全国购书网、书生之家、蔚蓝书店、京东商城、金石堂等网络书店迅速成立。

据中国互联网络信息中心(CNNIC)发布的消息称,2009 年数字出版业的整体收入为 795.6 亿元,超过传统出版业产值。2010 年,我国域名总数为 1 121 万,全国互联网上网人数 4.57 亿人,其中宽带上网人数 4.5 亿人,互联网普及率达到 34.3%,互联网的应用和普及,推动着网络出版业的迅猛发展。

2)网络书店的类型

网络书店有着多种分类的方式(图 2.20)。

(1)按有无实体店面

按照无有实体店面,网络书店分单纯性网络书店和复合型网络书店两种。单纯性网络书店是指对图书进行仓储式管理,在网络上展开图书销售业务的营销模式。而复合型网络书店是实体书店和网络书店两者并存销售的营销模式,如北京图书大厦、王府井新华书店等各类图书销售机构创办的网络书店。

(2)按主办机构性质

按网络书店主办机构的性质,网络书店可分为:

①出版社建立的网络书店

在竞争激烈的书业界,为了扩大书籍的宣传推广,拓宽信息沟通和图书发行渠道,出版社建立的网站。据统计,全国 500 多家出版社中,已经建立网络的有 349 家,占 62%,其网络书店的经营大多以本社出版物为主。

图 2.20　网络书店图书分类

②书店建立的网络书店

即前面所提到的复合型网络书店,它包括由新华书店建立的网络书店(如青岛新华书店开设网络书店)和民营书店建立的网络书店,如晓风书屋和枫林晚书店在网络书店的压力下,也开始转向网络经营。

③非出版行业投资建立的网络书店

投资网络书店的除了出版业内人士,还有其他行业人员。这类网络书店根据经营规模又可分为小型和大型网络书店,小型书店如个人淘宝书店,大型书店如亚马逊等。

(3)按经营图书的内容

按运营图书的内容,网络书店可分为综合型网络书店和单一型网络书店两类。前者图书品种丰富,涵盖各类出版物,甚至超出出版物的种类,如当当和亚马逊,除了经营出版物外,还经营科技产品、生活用品等。后者是只向某一行业或读者群提供相关图书,图书类别只有一类或几个类别,如建筑网络书店、计算机网络书店和医学网络书店等。

3) 网络书店的营销优势

从我国第一家网络书店的诞生到现在,只有短短的十几年时间,它从当初的发行模式中脱颖而出并将传统书店抛在身后并向它叫板,甚至有人提出"网络时代我们还需要传统书店吗?"的口号,可以说网络书店给整个出版界带来的冲击是前所未有的,纵观网络书店,它的许多优势不得不让传统书店去学习和借鉴。

(1)品种全、成本低

因为不受空间的限制,网络书店的图书包罗万象,如亚马逊网上书店经营图书310余万种,比目前我国超大型书城经营的图书品种还要多。而且网络书店省却了传统书店的各种设施服务(如店面租金、店内装潢、图书的库存费用,员工工资等)的费用,所以在价格上有着明显的优势,网络书店的折扣率在3~8折不等,更有不少特价书吸引着读者前往。

(2)全天营业、全球经营

网络的存在使得在任何一个时间和地方都能实现交易,网络书店的24小时营业为其增加了许多优势,网络书店的用户也突破了地域的限制。当深夜传统书店关门后,可以在任意网络书店购买喜欢的图书,给读者带来购买时间和地域上的方便。

(3)检索方便、送货上门

可以根据关键字(如书名、作者、出版社、ISBN等信息)在网络书店检索所需的图书,无须像书店大海捞针般寻找。在完成图书交易后,网络书店在约定时间内将图书送达读者手中,让读者足不出户便能买到称心如意的图书,大大节省了读者的购书时间。

(4)零库存经营、个性化服务

网络书店是一种无店铺经营模式,虽然它也有库存,但库存量小,加上图书的销售周期长,很多图书是在接到读者订单时再向出版商进货,所以大大降低了经营风险。另外,网络书店为读者提供的许多增值服务也为他们赢得更多的市场,如亚马逊一直抱着以客为尊的信念,开发出许多以消费者为主的服务项目——书评、会员专属、推荐书单,跟踪读者的购买记录,为其再次购买提供专门设计的"推荐书目",是亚马逊成为全球最大在线销售出版物的制胜秘诀之一。

2.5.9　出版社直销

1) 概述

出版社直销,指的是出版社直接向读者介绍、销售出版物的经销方式,是出版社在退货率、价格战的难题下,发现的传统销售渠道之外的新销售模式。出版社直销主要有上门推销和邮购两种模式。

1995 年的三联书店是最早实行出版物直销的机构,早期,它在南京成立销售中心,通过派发工作人员,将图书带到任何一个有读者的地方进行直接销售。同年,深圳市新华书店成立了"金典直销部",读者可通过电话或信函向金典直销部购买图书,仅三个月,金典直销部就服务了 2 000 多名读者。1997 年北京德辰文化发展公司拥有 27 万名图书直销员,他们背着图书深入全国各地销售,甚至把图书卖到了西藏,公司为此获得了 17 个亿的码洋,拥有直销客户 600 余家。

图书直销的成功很快为业界所关注,出版者迅速将直销作为现有发行渠道的补充。2002 年前后,许多出版社纷纷效仿并设立直销部、派发流动售书人员到读者家庭、工作单位或公共场所等地进行图书直销。与此同时,图书直销引入国际质量认证也在进行,2002 年 8 月,据《中华读书报》报道:国内大型图书直销渠道运营商——北京锦绣前程文化发展有限公司正在加紧进行 ISO 9001 质量认证体系的建立与完善。这意味着我国图书直销已走向国际化管理阶段。

随着互联网的出现,许多出版社纷纷在网络上发布图书直销信息并进行网络直销,拓宽各自的直销路径,如上海文化出版社和上海人民出版社等几家主流出版社相继开设了自己的"网络直销店"。

2) 出版社直销的特点

中国大百科全书出版社直销部主任刘荔认为[1],建立直销渠道正是市场细分的重要举措,它的优势在于能把产品、渠道、价格、促销、信息、市场细分、公共关系、人员分流及新业务开发有机整合以实现优势互补。

---

[1]　李源.书业问路直销模式[N].中国图书商报,2005-10-28.

（1）成本低、收效快

网络直销其实是网络书店的一种，除经营范围大多以出版社出版的图书为主，品种不似大型网络书店齐全外，其有着网络书店诸多类似优势，管理和经营成本较传统书店低，因而出版物折扣和利润空间大。另外，出版社通过派出人员与读者直接接触，真实有效地收集到读者需求信息，有利于出版物市场开发，从而为下一次的销售争取主动权。

（2）风险低、合作方式多样化

回款周期短、退货风险低、库存小等优势，是许多出版社选择直销的原因所在。再者，直销有着本地化的优势，即利用现有的渠道进行销售，如邮政、报刊发行中心等，合作对象灵活多样。我国许多出版社除建立自己的直销队伍外，还与邮政联手合作，即邮递人员兼职直销人员，大大节省了人员管理的经营成本。再如陕西师范大学出版社和《西安华商报》合作，除了通过连载介绍图书外，还利用报社的"黄马甲"配送图书。

2.6　宣传促销

图书宣传促销是图书营销活动的重要组成部分，是图书营销学研究的主要内容，是出版发行企业与读者进行信息沟通的活动载体。一方面，出版发行企业需要通过宣传促销来扩大和加速图书产品的销售；另一方面，读者也需要通过出版发行企业的宣传促销活动来了解图书出版发行信息，掌握图书出版发行动态。在市场经济条件下，图书也是商品，随着出版业的不断发展，图书商品的数量不断增加，图书市场竞争日趋激烈，广大出版发行企业也越来越重视通过图书宣传促销活动的影响力，提升企业的知名度和图书的认可度，有效地促进图书营销。因此，图书宣传促销是市场经济发展的必然产物，是出版发行企业面对图书市场竞争的必然选择。本节将围绕图书宣传促销的基本概念、宣传促销的主要方式以及宣传促销组合策略等内容进行重点阐述。

2.6.1　图书宣传促销的基本概念

所谓图书宣传促销，是指出版发行企业通过人员或非人员方式向读者及公众传递图书出版发行信息,帮助读者了解图书商品及出版发行企业提供的相关服务能够带来的利益,提醒读者及时捕捉追求利益的机会,从而引起读者对某种图书商品或出版发行企业相关服务的关注和兴趣,激发其购买欲望并促成其购买行为的一种图书营销活动。可见,图书宣传促销的实质就是一种信息沟通活动,是图书发行企业通过某种方式为读者有意识传递图书信息,唤起读者的需求欲望,进而达到有效影响读者消费态度与行为的活动。

2.6.2 图书宣传促销的基本方式

根据图书宣传促销的定义,可以将图书宣传促销的基本方式划为两大类:一类是人员宣传促销,另一类是非人员宣传促销。

1)人员宣传促销

人员宣传促销主要是指出版社利用专职推销人员或委派专职推销机构向目标读者或图书发行商介绍和推销图书产品的促销活动。人员宣传促销的类型有:上门宣传促销,即推销人员直接与读者见面,向其介绍并销售图书;展示促销,即出版社推销人员利用书市、展销会、订货会等场合,向读者或发行商展示、介绍和销售图书;网点促销,指出版社推销人员定期向销售网点提供图书信息、样书和宣传材料,并且定期或不定期地上门走访,洽谈业务,销售图书;服务促销,指通过组织专题讲座等活动,向读者介绍并推销图书。

2)非人员宣传促销

非人员宣传促销方式多种多样,例如:广告、公共关系、签名售书、图书陈列、橱窗布置、赠送样书、优惠与降价售书、有奖销售、读书活动、图书排行榜等,出版发行企业可根据需要进行有针对性的选择使用。这里着重介绍签名售书、读书活动、广告宣传、新闻公关和网络促销等五种宣传促销方式。

(1)签名售书

签名售书是由图书出版商、分销商和作者共同参与的以扩大图书销售为目的的一种促销方式。一般是在新书推出时,为了扩大影响和激发读者的购买欲,由出版商或分销商共同组织的图书营销活动。签名售书是基于图书作者的高知名度而开展的一种图书促销活动。一般来说,作者的知名度越高,拥有的读者群就越广泛,签售的效果也越好。

策划和开展签名售书活动,不能仅局限于签售活动当天,而应进行事前、事中和事后的控制管理,深度挖掘签售的前期和后期促销效应,最大限度地促进图书销售。首先,为了确保签名售书活动取得预期效果,活动前的准备工作至关重要。签售前期,特别是在签售开始的前一两周时间里,除了做好应有的宣传预热外,更要做好签售图书和相关类图书的预售和销售工作。针对即将签售的图书,卖场可单独码堆陈列、宣传;同时,还应做好与签售图书相关类别的图书、签售作者所著其他图书的陈列和宣传工作。其次,要确定最合适的时间和地点。例如,签名售书活动通常安排在工作日的晚上、星期六和星期天举办,但是如果图书产品是一本商务书籍,那么工作日的午餐时间则更为可取,地点则可以选在距离写字楼比较近的书店。再次,要注意和媒体的充分合作,不可忽视媒体在大众中的广泛影响,在签售活动之前要做电台访谈,并在相关媒体中广泛告知受众即将举办活动的时间、地点等相关事宜,这些环节准备得充分,就能为签售活动的成功打下基础。在签售活动的过程中,还要注意与现场读者的沟通,热烈的现场气氛能给读者留下深刻印象。签售活动结束后,还要通过媒体作相关报道,以扩大活动的影响面。最后,要特别加强安全管理。开展签名售书宣传活动,特别要注意加强安全管理,牢固树立安全第一,预防为主的指导思想,建立安全的工作环境,避免发生各种安全事故,保证出版物消费者、作者和企业职工的人身财产安全,保护货款、出版物和业务设备设施的安全,保证经营活动的正常开展。

值得注意的是,签售后的一两周仍是卖场图书销售的黄金期,卖场仍需在图书陈列、宣传和促销活动上下功夫。签售图书和相关类图书的醒目陈列应在卖场做一段时间的保留,在此基础上,可配合后续宣传,如收集活动后的相关媒体报道,做成 POP 等宣传标志放在专柜或收银台的旁边;与此同时,卖场的促销活动还需继续,特别是可以利用签售活动时准备的促销礼品提供给后期光顾书店的读者,满足读者的心理需求。

【相关案例】

2009 年 8 月 8 日,《贾平凹三部》(《废都》《浮躁》《秦腔》)首发式暨新版《废都》签名售书活动在西安的贾平凹文学艺术馆举行,当代著名作家贾平凹为读者签名售书。为了能得到签名版新《废都》,一部分读者早晨 6 点多就到贾平凹文学艺术馆外,排起了长队,在整个队伍中,大多数人提着大包,要替亲戚、朋友买几套签了名带回家。有位名叫龙刚的读者一次买了 30 套《贾平凹三部》,因为数量太大,自己一人无法运送回家,他只能在签名后叫了五六个朋友来帮忙搬运。签名一直从上午 10 点 20 分持续到下午 1 点 30 分。这天,作家贾平凹签名累到手软,以至于多次叫停售书。连续签名四个小时签售,加上天气闷热,57 岁的贾平凹签得太累,他只好一次又一次告诉工作人员不要再卖了。由于作家贾平凹体力不支,原本要签售 800 套《贾平凹三部》,在只销售完 500 套之后,举办方就不得不停止销售,但馆外等待签名的队伍并不见缩减,工作人员只有向读者耐心解释、疏导。《贾平凹三部》首发式暨新版《废都》签名售书活动之后,西安成为全国销售最好的地区,《废都》的销售更是一路飙升,《废都》单行本在销售的黄金期每天要加印3万册。

【相关案例】

《贾平凹三部》首发式暨新版《废都》签名售书,可谓文坛一大盛事。在贾平凹文学艺术馆举行签名售书,产生了巨大的影响力,这是因为贾平凹是有很高知名度的当代著名作家,其作品拥有广泛的读者群,人们对其不仅是偶像式的崇拜,而且对他的文字也有很高的期待。正如一位等待签名的读者感叹道"当今文坛,有这么大号召力的作家不多了"。

可见,知名作家的签售活动,读者都会慕名而来,而签名售书活动营造的热烈场面,极大地促进了出版发行企业的图书销售。

(2)读书活动

读书活动是图书宣传促销的一种良好形式。目前,为扩大面向青少年读者的图书销售数量,出版发行企业大多选择开展读书活动的促销策略,在短时期内增强图书发行量。所谓读书活动,主要是指围绕一定主题,有计划地组织读者对指定的推荐书目进行阅读,使读者走近图书、认识图书、开拓视野、增长知识、提高修养,同时采用一定形式对读者的阅读效果进行评价,评选出优胜者的一种阅读活动。主要活动方式有读书征文、读书竞赛、召开座谈会、撰写读后感和心得体会等。读书活动最能体现出版的行业特性,是出版发行企业常用的图书促销形式。读书活动可以由出版社单独举办,也可由出版社和书店、大众媒体等联合举办。特别是与大众媒体如电视台、网站、报社等联合举办的读者读书活动,影响力大、可信度高,具有很大的宣传促销作用,也有很好的社会效果。

开展读书活动时,主题要鲜明、时尚、正气、高雅,既要跟踪读者最普遍关注的社会问题,又要正确引导读者对问题的看法。读书活动不仅是出版发行企业的促销活动,还是社会主义文化建设和对青少年及读者进行爱国主义、社会主义和集体主义教育的重要形式。出版发行企业要高度重视读书活动的社会效应,树立正确的形象,服务社会主义精神文明建设。

【相关案例】

《致加西亚的信》是埃尔伯特·哈伯德于1899年写的一本小册子,说的是美国陆军中尉罗文如何历经艰险,终于圆满完成了总统交给他的任务,把信交给了古巴游击队领导人加西亚。《致加西亚的信》是一本薄薄的小册子,讲的就是罗文送信的故事,但这个故事里却蕴含着丰富而深刻的思想,那就是值得我们每个人好好学习的罗文精神,其核心就是:责任心、自信心、创造性和敬业精神。一百多年来,此文所推崇的关于敬业、守责、忠诚、勤奋的思想观念,已经在全球的许多地方产生了深远的影响,因此成为一本畅销全世界并能够改变人的思想的优秀图书。该书被翻译成多种文字,许多政府、军队和企业都将此书赠送给士兵和职员,作为培养士兵、职员敬业守则的必读书。TCL、华为等几百家国内著名企业纷纷将该书赠送给员工作为职业教育培训教材。

《致加西亚的信》是一本非常适合团购的图书,为了促进图书《致加西亚的信》的团购销售工作,某新华书店针对高校大学生这一目标读者群,聘请教育部门的专家学者、高校就业指导中心的负责人、工业园区企业负责人到各大高校做主题为"科学合理地规划职业生涯"专题报告,积极引导大学生树立正确的就业观、择业观、人生观、价值观,同时推介图书《致加西亚的信》,期待大学生能提高职业素养,都成为把信送给加西亚的人,激发了大学生购买《致加西亚的信》的欲望。为了进一步加强大学生就业指导工作,各高校针对当前大学生就业面临的困难与问题,以及国家为缓解大学生就业压力,针对大学生就业问题出台了一系列就业优惠政策,各高校结合专题报告的内容,有组织、有计划地积极开展"读一本好书,让一生受益"主题鲜明的系列读书活动,策划了"大学生职业生涯设计"大赛。专门召开座谈会,组织大学生恳谈读《致加西亚的信》的心得体会,掀起了读《致加西亚的信》的读书高潮。高校专门为大学毕业生团购该书,以此作为毕业礼物赠送给学生,激励他们。很多非毕业班的大学生纷纷到新华书店购买,成为该图书的现实消费者,有效地扩大了该图书的销售量,实现了书店社会效益与经济效益的双赢。

励志类的图书适合团购、有特定的目标读者群,在图书宣传促销时,选择举办主题鲜明的"读书活动",辅之以其他宣传促销方式,有助于扩大图书销售。

(3)广告宣传

广告宣传是促销组合中最具影响力的信息传播形式之一,它是一种付费的、不拘一格的信息传播方式,通过大众媒介物(例如电视、广播、杂志、直接邮寄材料、公共交通工具、户外宣传、楼宇宣传以及互联网等)进行信息的传播。广告是商品经济的产物,随着商品经济的发展,广告在经济生活中的地位也日益突出。正因为如此,出版发行企业越来越重视对图书广告的运用,许多读者对图书的知晓往往是通过电视、报纸、网络等各种媒体的广告宣传得到的。借助媒体进行图书宣传,既可以给读者提供快捷和便利的信息服务,又有利于提高图书知名度、扩大社会影响力、增加发行量。

①图书广告的含义。广告是指由明确的主办人通过各种付费媒体所进行的各种非人员的单方面的沟通形式。所谓图书广告是指出版发行企业以付费的方式,通过一定的媒体向广大消费者传递图书商品及出版发行企业有关图书发行信息的

一种图书促销方式。它包括以下四个要求:一是广告主。图书广告主通常包括:出版企业、图书批发商(含代理商)及图书零售商。二是媒体。图书宣传广告媒体众多,除广播、电视、报纸、杂志等大众传播媒体之外,还有行业性的书目、订单等出版行业媒体,海报、广告牌、标志牌等户外媒体。三是信息。图书宣传广告信息主要有三类:第一是关于某种(类)图书商品的内容、形式、特征、功用及其出版发行动态方面的信息;第二是关于出版发行企业有关促销活动及服务的信息;第三是关于出版发行企业形象的信息。四是广告费。广告主必须为使用广告宣传媒体而支付给媒体所有这一切的费用,同时,还要向广告制作者交付相应的设计制作费,有些广告甚至还要给予广告参考者支付形象使用费等。

②图书广告宣传媒体的选择。图书宣传广告,总是借助某种媒体向广大读者传递信息。可供出版发行企业选择的广告宣传媒体主要有:各种类型的公用广告媒体,如电视、广播、报纸、杂志、网络等现代广告媒体,出版发行企业都可以运用之外,海报、墙报、黑板报等影响相对较小的广告媒体在出版业界也颇受欢迎。除了这些公用媒体之外,出版业界还有书目、订单等行业性广告媒体。要选择恰当的广告宣传媒体,首先要了解各种广告宣传媒体的特性。

a. 电视媒体及其特性。电视是通过形象与声音同时传递信息的现代广告媒体,它具有形象、生动、逼真、色彩鲜艳、感染力和刺激力强等特点。由于电视具有很高的普及率,加之现代人多有看电视的习惯,其影响面非常广。同时,电视广告的不断重复播放,便于加深印象。可以说,电视是图书宣传广告最理想的媒体之一,在电视媒体上做图书广告,可以在极短的时间内让读者直接了解到相关信息,产生很好的宣传效果。《学习的革命》就是科利华公司在电视上做广告,广为宣传,创造了中国图书业的一个奇迹。当然,图书广告宣传也有其局限性,例如:费用特别高,消逝速度快,因此,不具有较强经济实力的企业通常难以问津电视媒体。

b. 广播媒体及其特性。广播是以声音信息影响听众的一种传播媒体。广播媒体的主要优点:覆盖面广,普及率高,能以最快的速度把广告信息传送到全国乃至世界各地;表现形式灵活多样,可以用顺口溜、小品、采访、直接介绍、演讲等听众喜闻乐见的方式来传达广告内容;同其他媒体相比,广播的费用相对较低。但广播媒体也有它的不足之处,广播信息只有声音,没有图像,不利于重复记忆,听后印象不深、不准确、不详细、无法保留、转眼即逝,很容易被听众错过。

c. 报纸媒体及其特性。报纸是印刷媒体中影响最大的一种,它具有这样几个突出的优点:一是读者广泛、稳定;二是传播迅速,反应及时;三是能给人留下明确深刻的印象,还便于查找;四是费用相对较低。其缺点和不足体现在两个方面:一是缺乏形象和音响,表现力较差;二是报纸版面较杂,广告往往容易被人们忽视。

d.期刊媒体及其特性。期刊媒体的优点主要有对象明确、针对性强、宣传效率高;保存时间较长,具有反复阅读、传阅的价值,便于扩大和深化宣传效果;版面相对集中,容易引起读者注意;印刷条件较报纸好,彩色印刷表现力强,引人注目。其不足之处主要体现在:阅读范围相对较小;传播信息的时效性相对较差。

e.书目、订单。这是出版发行企业的一种行业性广告宣传媒体,它的优点主要表现在:第一,传递信息的内容专一,容易引起读者的注意;第二,形式多样,出版发行企业可以根据需要随意设计制作;第三,发行对象指向性强、效果好。但书目、订单覆盖面窄、感染力不强。

f.墙报、海报、板报、灯箱、陈列架、POP 等书店卖场广告宣传媒体。书店卖场广告宣传是指在零售书店的临界部位、门市部的内外墙面、营业厅入口、购书现场、营业厅内的地面和空间等,通过张贴、设置、悬挂各种广告物宣传图书,渲染气氛,促进销售。卖场广告宣传形式主要包括:墙面广告、橱窗广告、架头广告、展架广告、图书陈列造型等。出版发行企业要加强图书卖场广告开发意识,注重通过社店合作开展卖场广告宣传经营活动,一方面,出版社可以制作相关的图书宣传册、招贴画、展架等分送到各地书店做卖场广告;另一方面,书店也可以出租场地和空间位置,让出版社自行设计和从事图书广告宣传。

当前,出版发行企业在做图书宣传广告时,多数选择报纸、期刊、海报等纸质媒体,也有部分选择电视、网络及其他媒体做宣传。无论选择何种广告宣传媒体,出版发行企业都应充分考虑广告媒体本身的特性、图书产品的特性、读者接触媒体的习惯、广告目标要求、市场竞争状况、投入的广告费等多个因素,以期取得最佳的促销效果。比如,少儿图书,在电视的大风车栏目做广告较为合适,在杂志的彩页做宣传或在《中国少年报》等报纸上刊载效果会更好。

【相关案例】

北京大学出版社 2011 年春节促销活动方案

各设区市、县(市)分公司:

为有效地促进《就这样考上北大》系列图书的销售,根据目标读者的市场需求变化,新华发行集团与北京大学出版社共同举办 2011 年春节期间图书宣传促销活动。具体事项通知如下:

一、活动主题:喜迎春节,北大出版社有"礼"相送。

主题阐述:《就这样考上北大》系列图书,在春节期间直接打折让利给读者,回馈一年来读者对北大出版社的支持。

二、活动开展时间:2010 年 12 月 20 日至 2011 年 2 月 17 日

三、活动地点:全省各分公司门市

四、活动对象:广大读者

五、活动目的:促进社店双方图书销售,提升社店双方品牌价值,出版社、卖场、读者三方三赢。

六、活动主办方和承办方:北京大学出版社和发行集团各分公司所有门市。

七、活动内容及操作细则:

活动书店按八折销售,连锁经营分公司将在销售期限内按销售具体数量给各分公司20%的返利。

八、宣传方案:

1.卖场专题陈列:参与活动的书店卖场必须在醒目位置设置活动产品集中陈列所需的专台或专架,摆放重点促销图书,专题陈列、花堆销售。

2.卖场氛围营造:要求参与书店在醒目位置张贴此次活动的宣传海报,或在门口悬挂条幅,或摆放易拉宝,或制作喷绘,或通过店堂内外的电子屏,或通过店内的广播,或利用书店的会员信息平台对本次活动向读者进行公示。卖场要制作相应的招贴POP、电子屏幕、广播稿。店面、店内要有POP、店内播音、店内屏幕、地贴等配合(根据门店实际情况而定)。

【案例点评】

本案例涉及书店卖场广告宣传促销的形式。图书卖场的广告宣传媒体,信息的容量相对较小,但是其及时性、针对性却比较强,费用低,效果好,出版发行企业尤其是零售书店可以根据经营的需要随时更换广告内容,使宣传促销密切配合零售店或门市部的图书销售。这类媒体所宣传的内容不仅限于图书广告,还可以有图书的评价、畅销书榜、有关图书的知识、知名作者的情况等。如果利用得好,其效果也还不错。因为在书店卖场内的受众是具有购买欲望的潜在读者,通过这类媒体宣传促销,可以把他们转化为现实读者。

(4)新闻公关

公共关系是企业为促进企业与公众之间的相互了解,达到相互协调,使公众与企业建立良好的关系,树立起良好的企业形象,求得社会公众对企业的理解与支持,提高产品和企业声誉的一系列活动的总称。主要的工作内容有:开展新闻报道、加强外部联系、举办专题活动、参加公益活动、策划公共关系广告等。

公共关系作为图书宣传促销的重要手段之一,在树立出版发行企业形象、提高图书产品的知名度、刺激目标顾客对企业产品的需求、增加图书销售等方面,起着其他宣传促销方式无法替代的作用。这里主要针对出版发行企业新闻公关宣传促销方式做重点阐述,使读者对新闻公关宣传促销有一个完整的认识。

新闻公关是出版发行企业公共关系活动的最基本的内容,是出版发行企业为了适应环境的需要,树立企业良好信誉和形象,利用新闻媒体的传播手段,争取社会各界的理解、信任和支持,并通过新闻媒体向社会公众介绍出版发行企业及其出版发行活动,宣传重大的出版工程或出版选题,有效地促进图书营销的系列活动。这种活动一般是通过不付费的新闻报道来传播信息,不仅可以节约广告费用,而且由于新闻报道或相关的专题节目不具有直接追求短期销售量增加的功利目的,而是着眼于企业长远利益,树立良好信誉和品牌形象,能够提高出版发行企业在公众心目中的地位,全方位提高图书产品的知名度、美誉度和认知度,最终引导读者消费,驱动出版发行企业不断增强竞争能力。

同时,由于新闻报道传播的信息带有新闻性,因而给消费者感觉是有权威的,是公正可靠的,读者比较容易相信和接收新闻信息。一般地讲,对出版发行企业进行新闻报道的题材主要有:重要图书的出版发行、本企业图书产品的获奖情况、出版发行企业的重大纪念活动及重大营销活动、出版发行企业的获奖情况、企业员工尤其是企业领导者所获得的各种荣誉,等等。出版发行企业应当抓住各种具有宣传报道意义的活动或事件,积极与新闻媒体取得联系,撰写新闻稿件,或向新闻媒体通报有关图书营销活动或事件以期各种新闻媒体的介入,并进行深入广泛的报道,扩大影响,提高知名度,就一定能有效地促进图书销售。

【相关案例】

从 2003 年开始至 2010 年,中宣部理论局连续 8 年组织专家学者编写了 8 本系列通俗理论读物,继《干部群众关心的 25 个理论问题》和《理论热点 18 题》之后,"理论热点面对面"系列读物成为理论通俗化的知名品牌,一经出版,就在全国各大书店吸引了众多读者的关注,越来越受到广大读者的欢迎和喜爱。究其原因,就在于"理论热点面对面"系列图书真正体现了以内容为王,是统一思想、普及理论知识的重要通俗理论读本,是广大干部群众、青年学生进行理论学习和形势政策教育的重要辅助材料。

像其他图书一样,"理论热点面对面"系列图书的价值实现是靠终端读者群的大小、多少来体现的。在不断变化的市场环境中,终端读者群总是被大量的图书品种所包围,读者需要相关的图书信息来判断哪些图书是适合自己的,因此,必须通过图书宣传向读者传递有效信息,引起读者的兴趣和关注,通过一系列的宣传促销活动激发读者购买图书的欲望,促进潜在读者向现实读者转化。事实上,"理论热点面对面"系列图书的热销同样没有离开新闻媒体的宣传促销,客观地讲,正是通过中央电视台黄金时段的《新闻联播》《焦点访谈》等收视率很高的王牌栏目的宣传,通过《人民日报》《光明日报》《求是》杂志等报刊的报道,通过资深专家学者的评论以及相关部门开展的图书赠送等活动,"理论热点面对面"系列图书才能广泛地深入到社区百姓、青年学生、基层干部的心中。

【案例点评】

在市场经济条件下,出版物发行实质上就是出版物营销,具体包括两个既相互联系又相互区别的阶段。第一阶段的核心是出版物以内容为王,为营销开道,在市场中寻找到有价值的目标市场,满足其内心精神世界或情感价值的需求。当出版者把图书的思想内容"形式化"地表达出来以后,当一系列的宣传促销活动还未启动期间,图书只有凭借其自身内容如书名、封面设计、图文编排等形式作为宣传媒体与读者沟通。第二个阶段的核心就是以宣传促销为王,吸引目标读者的眼球,刺激需求欲望,实现购买行为。第一阶段,图书与读者的沟通处于相对静止状态,要让图书真正打动读者,让图书与读者真正互动起来,一系列的宣传促销手段是必不可少的。

(5)网络宣传促销

网络宣传促销是出版物发行企业通过 Internet 综合运用网络广告、折价促销、赠品促销、抽奖促销、积分促销、活动促销、免费促销(如购物满××元免送货费)等方式,发布各种商务广告、新书出版信息、供货信息等,使出版物发行企业和读者了解出版物信息的宣传促销活动。由于出版物特别是图书的特性和消费特点非常适合网络营销的环境,而且由于网络宣传速度快,覆盖面广,内容丰富多彩,网络便成为出版物发行企业营销战略的技术基础和平台。欧美发达国家率先把图书商品作为出版物电子商务网站的主要商品来经营,而出版物的电子商务网站,一般被称为网上书店,例如,美国的亚马逊网上书店就是从销售图书开始,再扩展到 CD、玩具、软件等商品。

下面着重介绍网络宣传促销的方法和实施步骤。

①出版物网络宣传促销的方法

出版物网络宣传促销的方法很多,按影响消费者购买行为因素的重要程度划分,主要有以下几种方法:

A.展示商品信息。消费者在进行非数字化商品网络购买时,往往因为看不见所购商品的实物而产生购买障碍,影响网络购买的兴趣。而由于出版物商品的特殊性,即出版物商品的核心价值部分正好是完全可以数字化的特点,使得消费者对于所购买商品的真正价值的了解成为可能。因此,全面展示出版物商品的主要信息是出版物商品网络宣传促销的首要方法。

目前,国内大型的网上出版物发行企业(如卓越亚马逊、当当、博库网上书城等),充分利用信息技术的灵活性、多样化,全方位地充分展示、表达出版物商品的内容和特征,使消费者对出版物商品有深入的了解,从而极大地坚定了消费者的购买决心。

网上出版发行企业可以利用 Internet 技术展示图书商品的信息有三类：一类是基本信息，即在不同的栏目和位置展示出版物的属性信息，如封面、书名、作者、出版社、定价、出版时间等，使消费者在大量的出版物商品中，通过浏览出版物的基本属性，对出版物商品有一个基本的认识和定位。二类是详细信息，即发布详细的出版物商品信息，如内容提要、目录、作者简介、前言、后记等，甚至展示部分章节的内容、图片画面；对于音像制品类出版物，消费者也可以进行部分试听，增加消费者对出版物商品内容的感观认识，发现适合自己的出版物商品。三类是图书产品评论，即以评论的方式介绍出版物。编写评论时通常选择能够吸引消费者注意的语言，以激起消费者的购买兴趣。还可以采取由消费者评论出版物内容或由消费者对出版物商品进行评分等评价方式，从而为全面了解出版物商品的内容，提供更为广泛的有价值的参考信息。

B. 开展让利活动。销售价格是影响大部分消费者购买行为的重要因素之一，因此各种各样的让利形式也成了出版物网络宣传促销的重要方法。出版物网络宣传促销的让利形式主要有：a. 商品降价。直接让利给消费者，这已成了大部分出版物发行企业网上销售促进的必用方法。如打折销售、开辟物价区、举办清仓活动等。b. 赠送礼金。向符合指定规则的消费者赠送电子礼券。如注册、达到指定购物量或购买指定类别、版别等特定出版物的，可送抵价券、用户账户充值等。c. 附赠礼品。向符合指定规则的消费者附赠礼品。如达到指定购物量或积分的，可购买指定低价商品或赠送实物礼品。d. 奖励购买。根据购买时间或行为给予不同程度的奖励。某时段全场减免运费，订单达到指定数量以上时送积分或减免运费。

在电子商务举步维艰的日子里，亚马逊推出了创新、大胆的促销策略——为顾客提供免费的送货服务，并且不断降低免费送货服务的门槛，以此来促进销售业务的增长。免费送货极大地激发了人们的消费热情，使那些对电子商务心存疑虑、担心网上购物价格昂贵的网民们迅速加入亚马逊消费者的行列，从而使亚马逊的客户群急剧增加，由此产生了巨大的经济效益。

C. 提供附加服务。利用信息技术优势，可以通过附加的销售服务促进销售。a. 商品送货上门。消费者通过网络订购，选择送货上门服务就可以足不出户购买出版物商品，显示了网上购物的优势。b. 多元化导购。除了与传统购买相似的按类别陈列出版物、新书推荐和畅销排行外，还提供多元化的导购方式，如：智能化的模糊检索，同一出版物可用多个不同的关键词搜索；分类互见导购，使消费者在不同的分类中可以浏览到同一出版物。c. 个性化订购。提供适合消费者个性需求的购买参考信息。如，定期为消费者发送所订制的个性出版物目录，消费者浏览或购买时提供相关品类的出版物信息。例如,当当网上书店在消费者重点浏览某种出版物时,可以为消费者提供购买本商品的其他客户买过的其他商品目录、相关品类的出版物目录及根据所浏览的历史推荐出版物等。

D.提高信息可见度。由于互联网中具有海量的信息,如在 Google 中输入"网上书店"或"网上书城"条目,会显示有上百万个结果。如何在这海量的信息中让消费者留意和关注,即提高所发布的信息或网站的可见度,是出版物发行企业网络宣传促销的方法之一。提高信息可见度的主要方法有如下几种:

a.搜索引擎方法。搜索引擎是网民在汪洋中搜寻信息的工具,出版物发行企业网站在各主要搜索引擎(如 Google、百度、雅虎)中排名的高低,直接影响到网站访问的实际效果。排名高的网站无论是流量、点击率都远远高于排名低的网站。提高网站的排名率等于提高了信息的可见度,从而使消费者访问网站,进行购买。

b.电子邮件方法。根据消费者注册信息或已有的消费信息,往消费者的电子信箱中发送经编辑的出版物推荐目录、畅销出版物介绍、网站促销活动公告等信息。此外,随着数字出版技术的运用,3G 无线上网手机的普及,不仅可以通过传统的手机短信,还可以通过手机信箱来获取图书网络促销宣传信息。

c.RSS 订阅。RSS(Really Simple Syndication),又叫聚合内容,是一种描述和同步网站内容的格式,可以被称为资源共享模式的延伸。通过 RSS 订阅,消费者可以从网站提供的聚合目录列表中订阅感兴趣的内容。订阅后,按照消费者的订制要求将所订阅的最新内容直接传送到消费者的计算机上,消费者不必浏览网站就可及时获得自己感兴趣的最新出版物信息。这种个性化聚合的主要推送方式,可以使消费者即时、高频度地获得出版物信息,增加出版物的购买频率。而且,RSS 目前又向多渠道、多设备的整合信息服务平台方向发展,用户可以借助计算机、手机、个人数码助理(通常指掌上电脑)、数字电视等多种终端,获取随时随地、个性化的信息服务。

②网络宣传促销的实施步骤

A.确定网络宣传促销的目标。首先要明确网络宣传促销活动的目标是扩大市场、增加利润,还是带动销售,接着将目标进行细化分解,概算预期收益。例如,期望获得的浏览、注册、购买的客户数增量,各类出版物的销量和总销量,重点促销出版物的销售情况、利润期望值等。

B.制订网络宣传促销策略。首先要选择网络宣传促销的方法。网络宣传促销的方法可以是单一的,也可以组合使用,网络宣传促销的主题不同,其方法的侧重面也是有差异的。实体店面绝大部分的专题活动形式都可以在网上书店使用,但要注意利用网上宣传促销的特点,不断开拓新的思路,让消费者经常感受到网络宣传促销活动有新意。

其次要确定切入时间及期限。网络宣传促销可以是长期的,也可以是阶段性的。长期的网络宣传促销以常态的形式存在,只是在不同的阶段进行细节上的微调。对于阶段性的网络宣传促销来说,选择具有一定意义的时间点开展网络宣传促销活动往往能引起消费者的共鸣,增强消费者参与的兴趣。每一项网络宣传促销活动的期限一般以一个月为宜,如果时间太短,一些消费者会由于错过时间而无法参与活动,从而影响了网络宣传促销活动的效果;如果时间太长,则会让消费者觉得网站没有新意,从而失去对消费者的吸引力。

再次要确定宣传的方式。一要提炼宣传口号,设计简短的、刺激消费者购买的口号,如"畅销书限时抢购""全场购书满×元就送××""全场配送费优惠"等。二要策划网上宣传的方式,如专栏的形式和位置、设计宣传图片等,开展网上宣传。三要借助其他媒体宣传网络促销活动,将潜在消费者吸引到网上来购买,让平面广告与主流网站衔接起来,信息畅通起来。

C.测算网络宣传促销活动费用。对有一定规模或投入的网络宣传促销活动,还要进行费用预算。通过对日常运行投入之外的活动费用作出估算,控制网络宣传促销活动过程中的支出费用,使投入产出控制在合理的范围内。

从财务投入计划和费用支出预计两方面综合平衡支出项目及额度。例如,在投入资金一定的情况下,列出开展网络销售促进活动可能产生的物流、让利、赠送和宣传等费用。

D.实施网络宣传促销活动。一要完成活动的页面展现功能。网络销售促进的宣传与陈列全部由网站页面实现,诸如实体书店促销的专柜、专架、展台陈列、出版物造型、POP广告与排行榜等都通过对页面的设计完成。在表现形式上,网上的宣传更为多样化、立体化、动态化,如出版物内容的动态展示,可以模拟翻阅出版物的动作。多媒体展示可以让消费者直观地感受音像、电子类出版物的内容。

二要筛选参加活动的出版物商品。对于涉及出版物商品让利的网络宣传促销方法,要根据网络宣传促销的策略,制订参加活动的出版物划分原则,并通过信息系统对出版物商品进行筛选。有些活动还需要对筛选出的品种进行审核认定,在审核中可以进行进一步的筛选,直至符合活动规则为止。筛选出的出版物按照网络促销策略陈列展示。

三要配置活动的系统控制规则。信息技术人员将需要信息系统控制的活动规则配置到应用程序中,包括逻辑控制和数据运算两方面功能。如对活动时间和会员身份等控制,对订单金额的计算、让利或对奖励额度的计算等。

E.监控网络宣传促销活动过程。要随时关注网络宣传促销活动的过程,分析消费者行为、出版物销售动态、出版物交易结构等。与传统销售不同的是,网络促销可以记录消费者的每一个行为,如浏览、注册、购买、重点关注等,因此,可以根据这些行为信息得到多维度、多层级的市场分析结果。

活动过程的关注可以采取定时监控和阶段累计的方法,如对重点时段和每天的流量进行统计(访问量、页面浏览数、注册数、订购数等)。根据统计结果分析访问者数量或行为的变化状况,可以分析消费者对不同主题的关注度,同一主题中不同品种的关注度,消费者在时间、商品方面的消费趋势以及销售量等,为及时策划新的主题或撤销无关注度的主题提供依据。通过消费行为信息的反馈,实现实时、动态的管理,使网络宣传促销活动更加符合消费习惯与需求。

F. 活动总结。对于阶段性的网络宣传促销活动,在活动结束后要进行总结分析,主要从预期收益和发现销售机会两方面进行总结。针对网络宣传促销活动中所收集的信息,按照细化的活动目标进行统计,对比活动的实际收益与期望值,分析未达目标或超出目标的原因,如时间、出版物的适当性、消费者对促销策略的认可程度、管理操作是否到位等,从而发现网络宣传促销活动在目标、方向、方法等方面的问题或取得良好促销效果的经验。

【相关案例】

《恶魔的饱食——日本 731 细菌战部队揭秘》(以下简称《恶魔的饱食》)为日本著名作家森村诚一先生所著。该书揭开了日本关东军满洲 731 细菌战部队在中国进行活体实验以及细菌战的恐怖的全貌,引起了国际社会的极大震惊。

学苑出版社孟白社长准备出版此书的中译本,森村诚一先生专为中译本撰写了序言。为了让国人知道 731 部队在中国犯下的罪恶,孟白社长出于出版人的良知,毅然决定由学苑出版社承担所有的出版费用,将此书的中译本出版,并免费赠送给大学图书馆、抗战纪念馆、有关历史研究部门、日本研究机构,以及长期关注日本问题的专家、学者和翻译工作者,让广大的青少年阅读并了解这段历史,让更多的人了解这段本不该被遗忘的历史。

如何将这本图书在最短的时间内送到最需要的机构和读者手里,成为摆在出版社眼前的难题。通过数次讨论和研究,明确这本图书绝不能用传统的图书宣传方式来做,必须另辟蹊径,最切实有效的方法就是通过网络来实现。于是,出版社选择了"8·15"日本宣布无条件投降纪念日和"9·18"事变纪念日,进行两波网络宣传。向网络媒体推介的时候,牢牢抓住至关重要的一点,那就是推介的内容有很强的"互动性",引起了网友的"共鸣"或者"争鸣"。特别是从《恶魔的饱食》一书中选取了 731 部队做活体实验的章节,以"人类史上最没人性部队揭秘"为题,辅以与这段历史相关的文字,在学苑出版社新浪博客上发布。文章发表后很快被新浪文化频道、读书·原创·公益频道联合置顶推荐,2 小时后即登上新浪博客首页。"9·18"事变 77 周年纪念日,出版社又发布了《暗战——谁在争夺 731 部队绝密资料?》一文。此文随即被中华网、千龙网、西陆网等诸多网站和论坛选取为"精品文章"。《恶魔的饱食》网络传播效果已显现,随后出版社将图书赠送给了部分在出版社网站、资源库、博客上留下真知灼见和真实联系方式的热心网友。经由网络到相关单位和个人,再到广大的读者的多次传播,引发了之后的连环效应:

首先,出版社网站的点击量翻倍增长,刚刚上线的出版社资源库网站,浏览量由数千瞬间上升到数万,因在线阅读、下载《恶魔的饱食》而带动资源库网站 100 多种图书的被点击、下载量均成倍增长。此后,出版社网站和资源库的浏览量始终保持上升势头,坚定了切合热点进行网络宣传促销的信心。

第二,通过《恶魔的饱食》赠阅,出版社与受赠的研究机构和个人均取得了直接联系,有的成为了友好合作单位,有的则拿出了珍藏多年的资料,成为出版社的作者。

第三,因为绝大部分图书馆的受赠业务属采编部负责,很多采编部负责人或相关人员要求出版社提供类似高品质图书的书目给他们,自此建立了长期的联系。

第四,很多读到此书的读者,给出版社来信、来电表示敬意,了解更多其他类型的图书信息后,纷纷成为出版社的忠实读者。

第五,通过与读过此书的在校学生联系,逐步开展了校园阅读服务工作,使更多的精品图书走进校园,扩大了学生的阅读范围。

【案例点评】

一本全部赠阅的图书,一次细致安排的网络宣传,不仅达到了预期的效果,更为出版社之后的图书宣传促销等工作产生了积极的推动作用,使知晓率和影响力逐步扩散。图书宣传获得如水晕般层层扩散的传播效应。专项宣传促销活动对于时机的把握要求很高,只有在合适的时机,推出图书促销活动,才能达到目的。出版社选择了"8·15"日本宣布无条件投降纪念日和"9·18"事变纪念日,进行两波网络宣传,把握时机切入促销,具有重要意义,也取得了非常好的效果。

2.6.3　宣传促销组合决策

图书宣传促销的方式多种多样,每种宣传促销方式各有特点。在一定宣传促销预算的基础上,综合运用多种促销方式,进行合理搭配,形成有效的促销组合,可以成倍地提高单一促销手段的效果,形成整体的放大的促销能力,充分发挥各种促销手段的能量和作用,能够极大地提高单位促销投入的效应。所谓宣传促销组合,就是指出版发行企业为了达到预期的促销目的,对各种可以采用的宣传促销方式进行优化组合。

促销方式的优化组合是促销策略的核心问题,出版发行企业要认真分析各种促销手段的不同特点,根据图书宣传促销的目标,充分考虑图书市场的类别、图书促销策略图书产品的特点和图书产品的生命周期,按照各种促销方式在促销组合中的地位和比例合理地分配有限的促销经费,在这些促销手段之间形成主次,按照一定的比例和次序有机地开展促销活动。

【相关案例】

《好妈妈胜过好老师》是近年来难得一见的优秀家庭教育原创作品,是教育专家尹建莉的教子手记,是一本还未上市就以"手抄本"流传的图书。

作者尹建莉并没有什么名气,但她既是教育专家又是成功妈妈,以这样的身份写出来的书更能满足当下读者的需求,《好妈妈胜过好老师》成功的关键在于内容。可是,这部书很快成为畅销书,同样离不开宣传促销手段的作用。

《好妈妈胜过好老师》于2009年1月1日出版,作家出版社没有把这本书列为重点图书,以2万册首印数开印。这是因为,作家出版社考虑到作者尹建莉没什么名气,决定稳妥一些,先印2万册。但这与本书责任编辑郑建华的心理预期有些距离,郑建华决定自己把它当重点图书进行宣传推广,优化组合多种宣传促销方式,直至把这本书成功地做成畅销书。

郑建华是怎样做宣传推广的呢?发现本书的卖点,是郑建华做营销宣传的基础。《好妈妈胜过好老师》卖点有以下四个方面:

1.作者尹建莉是成功的好妈妈。她的女儿品学兼优,16岁参加高考,取得了超过当年清华录取线22分的优异成绩,被内地和香港两所名校同时录取;在个性品格方面,表现出超越年龄的成熟,自主自立,乐于助人,被评为北京市市级三好学生。

2.作者从教10多年,有大量实际教学经验,熟悉学校教育。

3.作者是北京师范大学的教育硕士,从事家庭教育研究及咨询工作,对家庭教育有精深的研究。

4.《好妈妈胜过好老师》这本书呈现出不同以往家教书的一些特征:理念新颖、方法实用、可读性强。首先,作者首次提出一些令人耳目一新的家庭教育原则,使父母在教育孩子的时候有章可循。其次,书中给出许多简单而又实用的操作办法,理论和实践的完美结合,使父母们不仅能够立刻获得许多有效的教育经验,教育意识也随之改善。再次,本书不但告诉家长怎么能提高孩子成绩,而且告诉家长怎么教孩子做人,教会家长怎么培养一个自觉、自强、自立的孩子。

基于以上四点,郑建华和作者尹建莉首先请著名学者钱理群写推荐语,将之与其他试读本寄予读者的推荐语一样,放到《好妈妈胜过好老师》的封底,想说明专家和普通读者都认为这是一本实用的好书。

其次,郑建华通过自己的力量,找同学、朋友帮忙,对《好妈妈胜过好老师》在不少报纸、电台、网站上做了宣传和连载。尤其是在《法制晚报》《南国早报》、当当网等媒体做连载,连载的效果非常好。比如,在广西的大书店,不错的图书也就卖几百册,但《好妈妈胜过好老师》在《南国早报》做了连载后,销售量很快达到几千册。在当当网也是如此,做了连载后效果非常好,最终销售量达到40万册。因为看好连载的这种模式,在后面的营销中,出版社宣传部门也投入大量精力做连载,哪个区域的销售不好,就找当地的主流媒体宣传,然后销售数字就上去了,效果非常明显。

第三,在这本书的销售慢慢做起来后,出版社也越来越重视,对《好妈妈胜过好老师》做了很多宣传,比如举办新书发布会、签名售书、公益演讲等活动,促进了图书的销售。

第四,利用获奖推波助澜。上市1年,《好妈妈胜过好老师》发行量已经达到110万册,但郑建华认为这本书销售势头仍很猛,因为这本书获得了不少奖项,如新浪网评选它为年度十大好书,当当网评它为十大热销图书。这些奖项,也就成为促销活动的宣传资料,而且,这本书的口碑效应非常好,很多人是互相推荐,这保证了它的销售非常稳,不会像一般畅销书那样昙花一现。

第五,利用书商抄袭《好妈妈胜过好老师》封面的事件大量在媒体宣传,以引起广泛关注。事实上也吸引了更多人注意到这本书,销售自然也就越来越火暴。

【案例点评】

根据图书内容、社会需求和市场定位来制订图书宣传促销组合方案,酌情举办新书发布会、图书研讨会、读者见面会,利用网络、电视、广播、报纸、期刊等媒体开展系统的宣传促销活动,以此提高图书产品的知名度,进而将图书推向更广阔的消费市场,是出版发行企业图书营销的重要内容。

【课后练习】

1. 当前图书零售业下实体书店如何获得生存和发展?

2. 你如何看待书店提供的复印服务?

3. "书+咖啡+音乐"是最近在校园附近悄然兴起的一种书吧文化,请你谈谈对书吧文化的看法。

【综合实训】

1. "打造重庆出版物流中心、选址观音桥建西部最大书城""'大书城'选址江北商圈""卖场总面积2万平方米的成都购书中心""面积为1.2万平方米的广东永正图书有限公司世博店""营业面积约 8 500 平方米的新华文化广场""郑州购书中心的扩建项目预计 2010 年 8 月前完工并投入使用,扩建之后营业面积将达1.3万平方米"……

根据以上新闻标题、导语,你如何看待大书城的选址和追求的经营面积。

2. 某新华书店为进一步加强《100 位为新中国成立作出突出贡献的英雄模范人物 100 位新中国成立以来感动中国人物》一书的宣传促销活动,在认真分析本地区目标读者群的基础上,拟定在第 16 个世界读书日来临之际,联合各级团组织,举办"让'双百人物'图书走进大学生的精神世界"为主题的读书活动,请你策划一份读书活动促销方案。

技能要求:详细阐明开展读书活动的目的意义、读书活动的组织形式、读书活动的宣传要求、读书活动的具体安排以及读书活动的效果评价等。

3. 某书店门市部准备用两种以上的广告媒体为图书《幸福了吗》开展宣传促销活动,请你用广告媒体宣传促销方式为该书店制订《幸福了吗》一书的宣传促销活动方案。

技能提示:

(1)广告宣传促销要注意思想性、客观性、时效性、艺术性和经济性。

(2)了解广告媒体的不同种类和各自特征。

(3)根据广告媒体的特性,综合图书产品的信息、目标读者接触媒体的习惯、广告的目标要求、投入广告费等因素,合理选择两种以上广告媒体为该图书商品宣传促销。

(4)精心制定图书宣传广告信息。要凝练广告信息的主题,确定广告信息的表达形式,注重图书商品形象设计,图书产品的合理定位,充分把握读者消费心理,引发读者的关注和兴趣。

(5)合理安排广告发布时间和频率。

(6)做好促销宣传经费预算。

模块3

期刊发行实务

学习目标

【知识目标】

1. 掌握期刊发行的主要渠道;
2. 了解期刊邮政发行的优势、劣势;
3. 了解期刊校网发行的特点与作用;
4. 了解期刊二渠道发行的概念及特点;
5. 了解期刊订阅的优缺点;
6. 了解期刊网络征订的优势。

【技能目标】

1. 掌握期刊二渠道发行的策略;
2. 掌握期刊自办发行的方法;
3. 掌握期刊活动征订的方法;
4. 了解提高期刊续订率的方法;
5. 了解期刊机场发行渠道的经营理念。

【职业素质目标】

1. 培养学生分析问题、解决问题的能力;
2. 培养学生创新意识和团队合作精神;
3. 培养学生爱岗、敬业精神,具有较强的与人沟通的能力;
4. 培养学生吃苦、耐劳的素质,具有良好的从业技能;
5. 提高学生良好的职业应变能力。

【教学重点和难点】

1. 让学生了解和掌握期刊零售的主要渠道,在今后的期刊发行工作中能根据期刊的特点、市场定位等选择合适的零售渠道,从而最大限度地扩大期刊销售量。
2. 培养学生期刊发行专业技能的综合运用能力。

期刊又称杂志,是指有固定名称,用卷、期或年、季、月顺序编号,以印刷方式复制的,以纸质为载体的,成册的连续出版物。期刊作为重要信息源,与图书及其他出版物相比较,具有出版周期短、传播速度快、信息量大、学科交叉、内容新颖、时效性强等特点。

据统计,2010年全国共出版期刊9 884种,平均期印数16 349万册,总印数32.15亿册,涉及社会科学、哲学、经济学、法学、教育学等多种学科类型。如今,期刊作为广大消费者喜爱的出版物所发挥的效益越来越大,作用越来越被社会所重视。因此,各期刊社应做好期刊的发行工作,使期刊的出版作用得以充分的发挥。

3.1　发行渠道

期刊发行渠道是指期刊从出版单位向消费者转移时所需经历的途径。渠道顺畅合理,相当于期刊建立了良好的营销网络,培育起良好的销售终端,与读者确立了良好的互动。期刊走向市场的过程,就是发行渠道不断增加、顺畅的过程。伴随着市场的开发和发展,期刊发行渠道由单一的发行渠道向多元化方向发展。目前,期刊可通过邮政、新华书店、校网、二渠道、自建等多种渠道进行发行。

面对众多的发行渠道,一本期刊利用好现有的渠道为自己服务或者说期刊社选择好发行渠道为己所用就变得至关重要。

3.1.1　邮政发行

期刊邮政发行是指期刊通过国家邮政部门进行发行。现在邮局仍然是期刊发行的主渠道,之所以选择邮局,就是看重邮局发行网络具有覆盖面广、人员多、渠道无盲区等优势,其庞大的发行网络系统和发行征订代理权是期刊社自办发行、其他民营企业和外资企业所不能比拟的。另外,由于邮局订阅是半年或者全年为一个订阅周期,所以发行相对比较稳定,为稳定期刊发行量起到了举足轻重的作用。

目前,我国每个省、市的邮政局的报刊发行已形成一定的规模,并且都成立了自己的报刊发行局。这几年,随着计算机网络在各省邮政报刊发行局的运用,给期刊社的发行工作带来了更多的方便,只要打一个电话就可以查到任何一个省市的订数。另外,国家邮政总局设立了"11185"客户服务热线,读者从中可以查到想了解的期刊的详细情况。这既方便了读者订阅，又使期刊订阅尽量最大化，这对期刊社的发行工作是非常有利的。可以说，邮政发行仍是期刊发行的首选。而且现在读者还是有传统的"订杂志，到邮局"的习惯，尤其是专业性比较强的期刊，一般在市场上购买不到，他们就会选择邮局订阅的形式获取期刊。有数据表明，即使在现在渠道非常丰富的情况下，邮局邮发的期刊数量也在总发数的30%以上，对个别期刊邮发的比例会更高。由此看来，加大与邮局的合作力度，维护好与邮局的业务关系，是专业期刊发行的重中之重。

邮局有优势也有劣势，由于体制的问题，没有民营渠道在执行销售政策方面那么灵活，在提供优质服务方面还有很长的路要走。虽然邮政报刊发行系统在逐步改变过去期刊社交邮政发行后就无权过问发行量的做法，提供分区域、分方式、分环节等多种发行方式供期刊社选择，但是期刊社左右邮局的力量还是比较小的，这就造成了发行渠道处于强势地位、期刊社处于劣势地位的结果。由于这种地位的不对称，容易造成期刊社在获取信息（如了解市场发行情况、读者反馈等）方面的障碍。另外它承揽的报刊比较多，不可能给每个期刊社做很细的宣传，在宣传、征订上做得比较粗放。在合作中，出版商不但需要协调与读者之间的沟通障碍，而且需要承受由管理发行商和印刷单位等多方单位造成的高额管理成本，还需要承受由于发行渠道自身市场化不足造成的高成本、低效率和劣质服务，并且邮局发行受体制制约，缺少市场理念和推广功能，资源浪费、体系规划不合理，也会给刊物发行带来不小的阻碍。读者到邮局办理订阅手续，每年有固定的时间，错过了时间，便无从订阅。再加上电视、互联网、手机等媒体的崛起，期刊品种不断增多等原因，市场出现一定的萎缩。

期刊邮政发行主要采取订阅和零售两种方式。此外，还有代发、寄售、赠阅，以及委托各种社会力量批销和代销等多种方式。订阅是读者按时就近向邮局订购所需期刊，邮局按址投递。优点是能保证读者按时收到期刊；邮局能够掌握期刊发行数量增减的规律，便于安排工作和实行计划发行；期刊出版部门可以集中力量组织出版工作。零售是邮局采用定点、流动、预约等办法零散销售期刊。这种方式适于在旅途中的或住址不固定的读者，以及有零购习惯的读者和漏订或脱期的订户的需要。

邮政期刊发行的作业从期刊出版前征求订户开始，经过汇总统计出各种期刊各期的订阅份数，加上估计的零售份数，向期刊出版单位提出各种期刊每期订购的总份数，直到期刊出版后由发报刊局（出版地邮局）按规定时限、路线、地点，用总包直接分运至各地邮局，再按址投递给订户，同时发交零售单位零售。这样的发行过程，使期刊的出版和发行紧密地衔接了起来。

邮政期刊发行作业的全过程所包含的环节因发行方式而异。订阅有收订、缴款、要数、汇总、结算、通知印数、分发、投递八个环节;零售有订货、进货、销货、盘点结算、滞存处理和报损六个环节。这些环节通过县(市)邮局(订销局),省、市、自治区邮电管理局订单处理部门和发报刊局分别来完成。为满足期刊订户的特殊要求,邮局还办理退订、改寄等业务。

目前,邮局代理着全国9 000多种期刊,发行期刊累计10.5亿份。比如邮发是《青年文摘》发行的主渠道,该期刊社将发行业务主要交给邮政系统,从而大大提高了发行的合理性,提高了发行的效率,文摘的红绿版月发行量达到300万份的高点。《知音》在全国二十多个省的邮局建立了发行分点,从而增加了期刊发行上的抗风险能力。

随着期刊市场的竞争日趋激烈,开辟多条发行渠道是大势所趋,还不能单单靠一纸邮发合同就万事大吉。在发行渠道多元化的今天,邮发渠道不能作为仅有的发行渠道,还要其他渠道进行有效的补充。

3.1.2　校网发行

期刊校网发行,主要是由代理商直接到学校开展期刊征订的工作。校网渠道是最近几年才出现的渠道,目前正在慢慢地发展壮大,许多期刊社越来越重视校网的建设。主要原因有三点:

首先,校网渠道覆盖面广,代理商一般是当地或是对所代理区域比较熟悉的人,这样,就能对期刊做最广泛而直接的推广。

其次,一些期刊,如少儿期刊的主要消费人群是学生,而老师在学生和家长的心目中是比较有权威的,所以老师推荐的刊物,学生还是比较愿意选择。

另外,代理商直接面对消费者,所以回款会相对较快,在某种程度上,弥补了邮局渠道体制不灵活和民营渠道回款慢的不足。

但是,校网渠道的不足,就是会受到政策的限制,教育局再三下文,不让学校乱收费,所以老师也会有相对的压力,即使是十分好的刊物,有的老师或者学校也还是不敢尝试订阅。

校网渠道,对销售的主要贡献是让刊物在终端消费者(即读者)中提高知名度,扩大影响力,在相对竞争压力较小的情况下,提高发行量。比如学友园教育传媒集团销售的主要产品有《天天爱学习》《天天爱英语》《读友》《花园宝宝》《快乐科学》等二十多种主流的教育类期刊,现已拥有一个覆盖全国308个城市21 800所小学2 000多万名学生的中国最大的小学校园直销体系。它主要面向幼儿园、中、小学校园从事期刊等教育、娱乐产品的代理直销,公司期刊期发量超过350万册。负责《读者》杂志的校园征订与发行,建立校园关系网络。《疯狂英语》杂志自1996年一经面世就深受广大英语学习者的热爱,为了扩大销售,它面向各高校招聘各级发行代理人员,以做好各高校该杂志的征订工作。

3.1.3　二渠道发行

二渠道发行即非国有渠道发行,主要指通过个体经济的经营者发行期刊,也就是相对邮局等主渠道的民营渠道。它是对我国国有渠道发行的有力补充。民营二渠道相对主渠道来讲,具有经营灵活、市场化程度高等特点,在市场中具有很强的竞争优势。

被称作"二渠道"的民营期刊发行商,在期刊发行及推动期刊市场化的进程中功不可没。这些发行商从开始的期刊零售起步,逐渐发展成为经营几十种期刊批发、零售的期刊发行公司,有自己的固定门市和稳定的销售网络。北京、广州等地的一些期刊发行商还建立了上百人的送摊队伍,把期刊发行做到了市场终端,已经具备了发达国家期刊发行的雏形。

民营发行渠道体制灵活且手段多,账期短,退货及时,服务质量认真负责,能随市场需求变化调剂期刊配送数量,配合期刊社做终端促销工作,收集相关市场信息。目前在我国一些经济发达的城市,涌现出一批第三方民营期刊发行机构,如大华传媒、华道咨询、文德广运、国铁传媒等,这些企业是专业化的期刊代理发行和营销推广的渠道,拥有大量专门的营销人才,能够提供更专业的发行服务。第三方民营发行机构可以与各地区批发商和零售商合作开展营销活动,如市场调查和营销推广;可以进行期刊销售和退货数据的信息的搜集和反馈,为期刊社提供发行数据信息;还可以进行资金管理,如负责与地区批发商结算销售款等。期刊民营渠道必须得找那种信誉度好、销售量上规模的发行公司,民营渠道市场的分割比较细,谁做哪一块就是做哪一块,期刊社应该掌握民营渠道在全国的布局。如果你在管理上比较粗的话,比如在一个地方找了两家做,就容易引发折扣战和不良竞争。另外就是回款的问题,找信誉度好的发行公司比较有保证,能按时结款。还要注意不要冲击主渠道,在折扣上不应该放太多,和主渠道的折扣应该保持一致,要不然就会把主渠道冲垮了。

现今的二渠道已经成为助推文化市场的生力军,成为期刊发行的一大支柱。做好期刊社的发行工作,不是把刊物发给二渠道就万事大吉,而是要帮助其进一步拓展市场。期刊社可以给发行商出谋划策,或直接安排人前往协助二渠道打开或完善超市、便利店、地铁、机场、酒店、社区等各种分销渠道。

目前民营"二渠道"还处于鱼龙混杂的内部竞争态势,资源分散。行业内的民营资本和经营力度不够,国企的市场能力又不足。目前,我国的民营期刊发行渠道主要扮演的是批发、零售和配送的功能,从夹缝中通过有限的报刊分发量的积累赚取微薄的利润。而且,由于专业人员、资金和经验的严重缺乏,基本上处于被动分发的状况,不能形成主动推广和配送相结合的有机发行体系。

相对邮局渠道来讲,二渠道终端零售具有偶然性、不可控性和竞争性等特点,所以在市场管理、营销策划方面对期刊社提出了更高的要求。另外不是所有类型的期刊都适合在二渠道销售,如时尚类、文摘类、财经类、保健类等大众类的期刊较为适合在二渠道发行。像《瑞丽》系列期刊均由北京大华弘景期刊发行有限责任公司总代理发行。大华弘景在全国拥有销售及展示合作网点 62 000 多家,主要合作的省级经销商在全国市场近 50 家,间接管理的地级经销商 286 家,他们与大华弘景形成了资源共享的垂直营销渠道网络联合体,市场基础良好,发行网络稳定健全。大华弘景渠道畅通、灵活,网点覆盖除传统的报刊亭、书店,还在机场、地铁、超市、便利店、校园等建立了专门针对《瑞丽》目标读者的新的销售通路。《瑞丽》杂志由北京《瑞丽》杂志社倾力打造,目前主要有《瑞丽服饰美容》和《瑞丽伊人风尚》两大时尚类特色杂志,发行量稳居时尚类特色杂志全国第一位和第二位。《瑞丽》的成功就证明了这样一点:定位准确,制作精良的杂志,与渠道通畅的发行相配合,才能制造出中国杂志市场的奇迹与辉煌。一些面向家庭或面向白领、拥有一定读者群的社办期刊,可以尝试民营渠道发行。如果期刊定位较为专业,终端销售数量过少,选择二渠道的成本则相对比较高。

期刊社只有多走市场、拓宽思维、诚信合作、与二渠道二位一体双赢互利才能在日益复杂而严峻的市场竞争中不断地扩大刊物发行,拉动期刊社经济增长。

3.1.4　自办发行

自办发行是指期刊社通过自建发行渠道进行期刊的销售。通俗地讲,就是期刊社自己搞发行。自办发行实际上是一种直销形式,期刊社以不同的形式建立属于自己的发行网络和发行队伍,直接向读者销售期刊,这种直销形式包含了收订、批发、零售三种职能。

期刊自办发行最大的优点是不用向社外发行机构交纳发行代理费用,全年或半年的订阅预收款全部归期刊社所有,使得期刊社在资金使用上有了宽裕的调度余地,也为期刊社增加了收益。期刊社自办发行可采取较为灵活的价格优惠、实行多价位的发行策略;除了设立相应的发行部门、实体店、发行公司等以外,还可以通过网络订阅的方式争取订户;组建自己的发行队伍,对于期刊社来说,虽然费用较高,但效果最好,发行人员直接与终端接触,可以配合发行部门做好对读者的各种服务工作,有利于了解读者的需求,获取第一手的期刊市场信息。不过,自办发行也有弊端。由于整体发行市场的不规范,以及专业发行人才的普遍匮乏,期刊社很容易陷入铺货难、回款难等各个环节的泥潭中。

现在,部分在自办发行运转体系和销售队伍成熟的情况下,又承接代理了其他期刊以及商品的销售业务的期刊社,开辟了新的期刊发行渠道,拓展了业务,在业内受到欢迎。

可以说,期刊社自建发行渠道在全国范围内呈燎原之势。如为了进一步加强和读者的联系与交流,更好地为读者服务,《科技与出版》杂志从 2011 年开始全面从邮局发行改为自办发行,各地邮局将不办理订阅手续,新老读者订购杂志直接与该刊编辑部联系,而且一律免收邮挂费。又如《时尚》按照自己的设想建立起了一个立体的发行模式,以自办发行为主,确立了省级代理制度,每个省有一个总发行商。在杂志社建立了一个大型的读者订阅中心,直接面对读者订阅,以便快捷地获得读者信息反馈。在北京、广州、上海三个城市,《时尚》都成立了自己的发行公司,将发行与市场推广结合起来。

3.1.5　小　结

在市场经济条件下,面对激烈的市场竞争,要想做好、做大、做强期刊,单靠一条发行渠道显然是不够的,应寻求多种渠道的整合。如今期刊社一般都采用多渠道发行的方式,各种发行渠道相辅相成。比如《特别关注》期刊社首先是与邮局系统合作,通过 6 年时间实现了 86 万册的订阅量,在邮局系统先打开订阅局面之后,再通过订阅带动当地的零售。在看重邮局系统订阅的同时,民营渠道也是有所倚重的。选择了 270 多位经销商,将杂志发放到全国各地的报刊摊上。《特别关注》创下了单期发行量仅次于《读者》,位居中国第二的新高。从 3 万份,到 100 万份,再到 200 万份,《特别关注》以一组跳跃的数字书写着一个发行传奇。

总之,期刊社必须根据自己刊物的特色建立一套期刊发行渠道的最佳模式,探索出将自己的产品与服务送达目标读者的行之有效的畅通渠道,从而大力提高期刊的发行量。当然对发行渠道的选择与整合,也不是一成不变的,应根据市场的变化不断调整。

3.2 订阅销售

期刊发行主要包括订阅和零售两个部分。其中,订阅作为一种传统的期刊发行方式,至今仍然被大多数期刊社所采用。

3.2.1 订 阅

期刊的订阅是指读者以月、季、半年和全年为周期订购期刊,并以投递方式完成的发行形式。

1)订阅的优点

订阅的优点是显而易见的,读者首先把订阅所需要的费用直接汇到账号或直接交给邮局,还可以快递配送时上门收款等,期刊只需要按照读者订阅的地址邮寄或快递配送即可;提供了一个更好的服务让读者产生信赖感;另外可以更加准确地制订未来期刊发行工作计划,并且对资金流量与回笼起到了稳固效应,可以大大提升期刊的竞争力。

对期刊社来说如果拥有稳定的订阅读者群将会对杂志的经营方面起到一个后方稳固的作用,将会对刊社的广告经营方面提供极大的优势效益,并对广告主是否决定投放广告起到决定性的作用。

2)订阅的缺点

订阅的缺点主要是在于负责配送的环节往往效率不够高,邮局或快递公司由于一些原因造成的服务不到位,运送不及时等问题,使得读者经常晚收或收不到杂志,极大地影响了刊社的声誉,并会导致读者由订阅转向零售市场去购买杂志。

3)订阅的常见方式

订阅的常见方式有邮局订阅、活动征订、网络征订、渠道商与发行公司征订、内插卡征订、集团征订、捆绑征订、E-mail 营销征订、直邮信函订阅等。

（1）邮局订阅

虽然邮局目前因为体制等原因在服务、读者反馈等诸多方面还存在很多的问题，但是不可否认的是它的网络覆盖率是目前国内最大的，依然是国内最大的销售渠道。

目前邮局办理期刊订阅的方式主要有以下五种：

①窗口收订：读者可到全市邮政支局窗口办理期刊订阅业务，邮局备有报刊目录供您查询，办理订阅后可按读者要求送达地址进行投送。

②上门收订：由邮政部门主动派人员到订户住地直接办理期刊收订的一种流动服务方式。

③电话订阅：读者也可拨打邮政服务电话"11185"，办理期刊订阅（一般适用于新订户）。读者拨打"11185"接通后，根据语音提示，话务员就可为你办理所需要的邮发期刊的订阅预约，并通知相关邮局按在读者约定的时间内上门办理期刊订阅手续。

④报刊发行站（员）收订：读者通过设在机关、企业、学校、部队等单位的群众性期刊发行组织订阅报刊的方式，负责本单位公私订户的期刊订阅。

⑤网上订阅：读者还可通过中国邮政报刊订阅网办理期刊订阅业务（网址：http://bk.183.com.cn）。订阅的基本流程有：注册登录，查询目录，选择期刊，放入购物车，选择输入地址，办理支付，提交订单等（详情请登录中国邮政报刊订阅网）。

邮局一般在2、5、8、11月开始办理按年、按季、按月的期刊征订。如果错过征订期，邮局会从来得及的一期起为您订阅。如果您订的期刊到期了，邮局会及时通知您续订。邮局还可以给您办理期刊迁址改寄、退订等业务。

对于刊社来说要做好邮局的维护与公关工作，除了在邮局的订阅目录上做杂志的宣传以外，还要从邮局的内部进行公关，从一级城市开始，如各分局、支局的负责人到各零售班的班长等进行系统的公关，这样就可以将邮局统一起来实现杂志的订阅的收订。如果公关手段比较成功的话，以一本获得邮发的杂志来说，在每年的邮局征订期过后一般都会实现千套左右的订阅效果。

（2）活动征订

活动征订是指期刊采用大型活动，并在活动中以各种奖励方式和宣传手法实现期刊征订。如大客户答谢会、读者节等，这样不仅可以带来广告源，同时也扩大了期刊的征订量。活动征订虽然效果较好，但一般费用较高。

开展以订阅为目的的活动是一种实现期刊订阅量增长的有效方式。它需要企业的策划人员对发行订阅有一个很好的认识，并能从中找到合理的活动策划卖点，通过策划卖点可以获得订阅读者的共鸣。期刊可以结合本刊自身的定位及风格特点选择活动征订的形式。比如时尚类期刊可以举办服装、美容大赛;科普类期刊可以推出科普问卷有奖征答、"异想天开"创新发明竞赛;情感类期刊可以在"情"字上做文章;财经类期刊可以跟银行联手推出以其品牌名称命名的金融卡,或是推出系列大众化财经知识讲座。期刊还可举办各种公益活动,以此树立自己的品牌形象,这样也比较容易获得读者的共鸣,如将读者订阅的款项以读者的名义建立一个"爱心基金"来资助那些需要帮助的人。

(3)网络征订

随着互联网业的不断发展与我国网民数量的极速增加,网络正在成为人们生活中不可缺少的一部分,更多的人开始选择网络这种快速、便利的购物方式。期刊网络订阅(图3.1)作为新兴渠道,已经受到了越来越多刊社的重视,其优势也显而易见。

图3.1　网站期刊订阅操作界面

第一,信息量巨大,传递更及时。

网络所承载的信息和资料,不是传统媒体所能比拟的。网站的数据库可以无限增加,查找方便快捷,网络信息传递及时。同样,世界任何一个角落的读者,都可以通过互联网订阅世界任何一个国家出版的期刊,并当时付费。

第二,网上订阅期刊,更多地方便了大机构、大公司。

通常大公司、大机构订阅期刊时,都要查阅报刊黄页,跑数家刊社,处理数不清的单据和发票。而网上订阅则可以避免这些麻烦。网上订阅只能收到网络公司的一张订单和发票,避免了各种账务上的麻烦。在期刊业务上,只要一家网站,就可以全部搞定。而且还不用出办公室,只需网上查阅和网上订阅就可以了。

第三,刊社自由更新和管理,及时发布报刊社信息,最大限度地维护报刊社的利益。

实现刊社信息上网,并实现网上订阅,对于刊社最重要的莫过于可以随时随地地、自由地发布信息。在竞争激烈的期刊媒体之间,更快、更准地传达促销信息,让更多的人看到,将成为竞争的关键。

第四,成熟的电商网络,方便、快捷、稳定、先进、安全的网上支付系统。

电子商务发展使网上订阅期刊变成了现实。网上即时的支付功能也解决了期刊款项的收缴工作,节省了人力和物力。

第五,覆盖面广,影响力大。

网络与通信技术的融合,使有通信的地方,就会有网络。随着移动电话的发展,网络可以覆盖全世界的任何一个角落。

第六,订户信息翔实、准确。

网上订阅不同于传统渠道。在网上,需要订户填写正确的订户信息和个人资料,方便了刊社的管理工作,并可以通过翔实的订户信息,开展读者调查。

杂志的网络订阅在逐渐升温,读者可以登入期刊社的官网实现期刊的网上订阅。比如登录读者网(www.duzhe.com)点击"期刊订阅"进入"快速订阅通道",即可实现读者出版集团各类杂志的随时订阅,如图3.1所示;国内以开展这种订阅为依托的企业也在不断增加,如《龙源期刊网》目前已经发展成了全球最大的中文期刊网,已有独家签约的1 000多种著名刊物的电子版,同时代理3 000种科技期刊的电子版和7 000多种纸版期刊的网上订阅,内容涵盖时政、党建、管理、财经、文学、艺术、哲学、历史、社会、科普、军事、教育、家庭、体育、休闲、健康、时尚、职场等领域。

目前比较好的订阅网站有:浏览网、中国期刊网、报童网、龙源期刊网,还有以销售图书音像为主的当当网。其中浏览网(GoToRead.com)经过几年的发展已经成为了各刊社的指定订阅网站,已与14 000余家知名刊社(中国大陆、港澳台及部分外刊)建立了良好的战略合作关系,同时它的高频率文章的转载也使得网络搜索率极高,因此浏览网销售率在订阅类的网站很高。报童网虽然起步较晚,但是与小红马快递的资源整合使得它得以较快地发展。

(4)渠道商与发行公司征订

目前,国内的渠道商都是以区域销售为主,他们都有比较稳定的购买读者数据,并且在证订期到来时都会制作一个期刊名录以让自己所掌握的读者进行年度订阅,比如:北京的纸老虎、金海桥、世纪金豹、天津的刊林等,另外还有北京的小红帽,每年他们都会推出捆绑式的菜单订阅服务给读者,并得到广大读者的喜爱。以这种方式获得的订阅量还是不错的。

(5)内插卡征订

内插卡是杂志征订时经常做的宣传之一,现在期刊竞争日益激烈,内插卡的操作该如何进行,内插卡操作有哪些特点,存在什么优点和不足,怎样设计内插卡更有效等问题成为各刊社日益关注的焦点。

内插卡最大的特点就是经济、有效。国内众多杂志除了主渠道邮局征订以外,普遍采用内插卡的方式进行杂志的征订。内插卡简单地说就是在杂志的内部或外部(封面或封底)附加一张介绍杂志内容和读者资料的卡片或纸张。成本低,方便简洁,形式灵活多样的内插卡在操作上也是比较简单的,采取与杂志同期出版的方式,其目的是让读者在看到杂志内容时也能看到征订的消息,方便读者订阅。内插卡的征订方式主要是面对两种人:一是杂志的老订户。老订户对于杂志的忠诚度决定了内插卡的效果。对国内30余家杂志发行人员的了解,杂志内插卡最多可以达到70%的老订户的续订。专业类杂志的内插卡效果则更好。二是面对杂志的新读者。新读者一般都不知道在哪里可以订到杂志(也有一部分杂志是非邮发)。杂志社每个月都会利用各种渠道作一些杂志赠阅。内插卡为新读者的订阅提供了最有效的帮助。

(6)集团征订

集团征订主要是围绕社会上有影响力的行业、机关、集团公司、学校等进行的期刊征订。集团征订可扩大杂志在组织机构中的影响力,增加杂志发行量。

集团征订需要团队销售人员具有很好的销售能力与客户基础,为了保障大户订阅的顺利进行,期刊发行部应有专人负责大户订阅的政策制定、策略实施、兼职人员管理、大户谈判及跟踪等工作,另外杂志社还应制定优惠的征订政策和奖励政策。比如,《易友》杂志社规定一个单位订阅十份以上,即为大户订阅。十份以上,三十份以下,享受九折大户订阅折扣。

对于期刊销售来说目前的情况还不是很理想,多数的刊社最后获得效果都不是很好。如果发行能与编辑部门进行配合的话,在内容方面做一下文章还是会获得很大成效的。

(7)捆绑征订

捆绑征订是指与商家联手,把期刊和某种商品捆绑在一起销售的征订方式。这里所说的捆绑商品,并不仅指狭义的物质商品,它可以是报纸、杂志、其他商品或服务。

捆绑征订听起来类似送礼促订,但事实上,它们有着许多不同之处。送礼促订主要是订杂志赠送一定的礼品。而捆绑征订更注重把双方的资源有效地结合在一起,以此来扩大市场需求。捆绑征订的订户对商家商品和期刊都感兴趣,商家的商品和期刊在订户心中的地位是同等的,是同时需要的,而捆绑的吸引力是提供给这样的消费者一个可以接受的同时购买两者的优惠价格。因此,捆绑征订的价格大于商品和期刊的任何一个,而小于两者之和;作为送礼促订,礼品只是一个优惠条件,是吸引订户订刊的手段,送礼促订的价格往往只是期刊的价格。

捆绑征订从捆绑对象上来说,有期刊与期刊,期刊与报纸,期刊与商品,期刊与期刊其他服务等形式来结合。一般来说,这需要捆绑两者之间具有一定相关性,期刊的订户和商品的消费者具有同一属性。比如订阅《第一财经周刊》(全年)加10元,即可获赠红酒。《易友》杂志是易中创业从管理培训的视角,专为中小企业量身打造的低成本培训员工的一种刊物,与《北京青年报》《上海青年报》进行捆绑征订,并提供一个优惠的订阅折扣。

捆绑征订对期刊订阅量与知名度的快速提高有一定帮助,只要对方有意愿达成合作形式,就可以展开合作。

(8)E-mail 营销征订

电子邮件营销作为企业一种重要的营销手段正在日益兴起。不仅仅是对于杂志,对其他产品或者服务的推广可能都是很好的选择。

一般来说,它的成功与否多取决于发行名单的质量。目前发行名单数据分成两种:①付费订阅名单。通常付费订阅杂志的用户信息反馈的概率较高。②控制发行名单。控制发行名单由于对个人资料的审核比较详细,因此个人的信息会比较齐全,更方便进行筛选和分类,包括按行业、部门、职位等各类信息。但是无论是哪种发行名单,一般都是每月更新,而且目标定向也比较清晰。

在国外,《道琼斯》《财富》《哈佛商业评论》杂志都是用数据营销方式来发行的,方法是通过 EDM(E-mail 营销)将信息有效传递到目标客户手里,以发展更多新读者和保持读者的续订率。

但是在目前垃圾邮件泛滥的情况下,想达到一个较好的效果需要企业在设计邮件的时候动动脑筋,避免让目标读者把它当作垃圾邮件而处理掉。

(9)直邮信函订阅

此种方式对于刊社现有的读者开展续订方面与读者服务等将会起到很好的作用,但是如果从新客户的开发来说效果不是很明显。与其他订阅方式相比,直邮信函订阅所花费的费用是很低的。它的操作方式主要是从你掌握的名单开始进行设计,然后委托印刷制作,最后邮寄出去。

名单的获得方式与 E-mail 行销征订所获得的名单方式基本差不多,一般来说寻找最好的名单代理商是通过推荐,打电话给同事、朋友以及那些曾经租用过名单的人,听取他们的推荐。

邮寄名单数量大小可有从一两千到几百万的规模,通常进行一个小比例的测试之后再扩大使用数量。很少选择千人数量级以下的名单进行尝试,因为效果不佳,根据实际经验效果可以选用万人数量级的邮寄名单进行投递,效果比较理想。

一个名单中多少比率的人是通过对订阅函反馈收集得来的,如果比率高,可能他们对直邮信函的反馈率也就高,即您通过直邮信函方式进行其他推广的成功率可能也会相应提高。

另外就是要注意信函的内容制定与你的折扣和礼品是否吸引读者,可向国外的一些直邮商学习他们的经验,要让读者在不同的订阅期获得不同的订阅折扣与礼品。是从高折扣开始向读者推荐订阅还是从低折扣开始,就要根据自己杂志的特点来确定各自的方式。

3.2.2 续 订

期刊续订是指读者订刊周期快结束时继续向读者征订的行为。长期订户是期刊的基本读者群,也是一项重要的资产,如何让到期的订户变成续订户,是期刊发行业务的重点之一。

读者续订与订阅期刊的渠道比较相同。相关邮局可为要求续订期刊的邮政期刊订户办理续订业务。期刊续订操作相关流程是:

投递局根据需要,打印续订单据,其中零星订户打印续订通知单,大宗订户打印续订清单。如需要投递员上门取费,还可以打印续订收据。投递员投递续订单据,订户持续订通知单到邮政营业网点办理续订手续。营业员受理续订业务,在收订界面进行续订操作。

另外订户还可通过与刊社发行部联系,或登入刊社或发行公司官网或各种期刊订阅网站等多种渠道完成期刊的续订。

续订是各期刊发行单位值得关注的环节。在多数情况下,续订采取的是加速的方式。当订阅期快结束时,各期刊发行单位要让订户尽早完成续订,这样能够节约成本并扩大利润;要向客户发送明确的续订邀请,而且每次邀请的发出方式、外观设计都要尽可能地避免产生审美疲劳,要吸引订户的眼球。续订邀请函要做到内容清晰、有针对性、易于回复,而且绝不能提及截止日期,一定要续订者尽快回复,这样订阅者就会尽早完成续订,出版单位就不需要更多的努力。

读者服务是一个刊社留住读者的重要手段,优质的读者服务是获取读者信任,提升读者续订率的重要因素。比如:英国的经济学人集团是国际知名的出版集团,其下属的《CXO》杂志是服务于企业高层财务管理人士的专业杂志,该杂志选择了北京世纪微码营销咨询有限公司(简称微码营销)作为专业的数据库营销合作伙伴,让杂志续订率达到83.7%。微码营销公司采用了以个性化的读者关怀来保持读者续订率。在客户注册的信息中,收集了客户出生日期信息,设计了特别的生日贺卡,在读者生日到来的前一周寄到读者的手中。为了方便读者续订,微码营销公司设计了整个流程,务必使读者最方便地完成更新订阅信息、发送订阅信息、成功续订确认等过程。在这方面,网站续订功能起到了非常重要的作用。另外一些杂志与中国电信等商务通信服务提供商合作,利用呼叫中心改变传统的期刊订阅方式,变"读者主动"为"刊社主动"。呼叫中心根据数据库中老订户的资料,随时进行统计,在老订户订阅时间结束前,通过系统提供的主动外拨功能,自动拨叫用户电话,播放提醒订户续订的录音,或通过E-mail等方式提醒用户续订。又如淮南市邮政局推出了"订全年《文摘周刊》赠一季度《读友》"的优惠活动,是为了发展赠阅《读友》读者的续订业务,该局积极利用电话、短信、发放订阅卡片、上门征询意见、加盖续订宣传戳记等多种形式宣传和提醒用户订阅,积极为用户提供电话预约上门收订服务,第一季度共续订《读友》3 505份,续订率达70%,基本实现了以赠阅促订阅的活动目标。

在密切关注期刊续订率的同时,对于那些不再续订本期刊的读者,刊社应想办法与他们接触,了解放弃阅读本刊的原因。还应该分析导致读者流失的原因,如期刊的纸张质量差、档次低、价格高等,并绘制出流失率分布图,以显示由于各种原因而流失的读者的比例;然后再估算失去这些读者给刊物带来的经济损失,计算降低流失率所需要的费用,如果费用小于经济损失,那么期刊应该采取行动降低流失率。

3.2.3　小　结

期刊征订是期刊发行非常重要的一种方式,而且提供了多种渠道供读者实现期刊订阅。期刊社可以结合刊物实际选择最适合的征订方式,充分发挥各种方式的优势,并认真做好期刊续订工作,这样才能保证期刊的销售长虹。

3.3 零售经营

期刊零售是指将期刊直接出售给最终消费者的销售活动。零售业务是期刊社发行获得盈利的重要途径,期刊零售渠道主要有超市、交通站点、书店、报刊亭以及其他消费场所。

3.3.1 超市、便利店

超市渠道是近年来发展较快的渠道之一。20世纪90年代中后期,我国超市的数量突飞猛进,为人们提供了更多自由随意的消费场所;与此同时,期刊社竞争加剧,纷纷拓展渠道。于是,在北京、上海和广州等地有了数量可观的超市后,超市期刊发行渠道应运而生。

据专业人士分析,期刊分销将给超市带来巨大的机会,由于期刊销售的周期性,使超市渠道更愿意增加期刊柜台来增强超市客户的黏度和回头率。而且未来期刊社争夺渠道的主战场应该在超市中。北京、上海、广州、深圳四大城市的超市不仅是期刊零售的重要渠道,同时也成为期刊品牌展示的平台。

图3.2 便利店杂志售卖柜台

目前,自营或联营是我国期刊超市发行的主要形式。自营,指发行商通过超市内租借的场地进行期刊销售。自营形式可兼顾渠道和市场,有利于批发商整合产品、信息、服务和资金,盈利较多;缺点在于成本高、风险较大。联营,指发行商将期刊从期刊社转批到超市卖场,由于发行商无须负责期刊销售,风险较小(图3.2)。

在此方面营销的佼佼者,如"纸老虎销售网",自1999年在北京成立后就率先把期刊引入超市,如今基本垄断了当地超市大卖场的期刊销售。此外还有时尚传媒集团,其对家乐福渠道的开拓和管理充分佐证了超市渠道的重要价值。在上海,久远出版服务公司早在1995年就开期刊超市发行之先河,并受到政府部门的大力支持,从而雄霸一方。目前各地区消费者在沃尔玛、家乐福等大型超市购买生活用品的同时可以尽情挑选品种繁多的期刊,并且还可享受一定的折扣优惠。

超市,相对于其他零售渠道是最为便民的。连锁超市通常由一家公司持有,所以刊物能有效到达每家分店,而且超市凭借着客流量大、卖场面积大、陈列品种多的优势,以及电脑化操作方便其统一管理,期刊展示时间较长,因而在推销新刊方面收益明显。但是,面对超市这一零售渠道,期刊社仍有不少苦衷:虽然超市发行能够轻松提高发行量,但代价是退货率居高不下,回款速度较慢;这对于自身缺乏广告资源、依赖发行收入生存的大多数国内传统期刊社而言是两难的处境;所不同的是,对于现代经营模式的期刊,即以广告收入为主体的出版商而言却是福音,不存在上述难题。

便利店,由于销售网点覆盖面广,成为重要的期刊销售渠道。例如在中国台湾,便利店销售占全岛期刊零售网点数量的半壁江山,大部分便利店都配有用于期刊销售的书架,通常在收银台前摆放的是最畅销期刊。在日本,便利店遍及各地,形成了全国范围庞大的地域商业网络,作为重要的期刊销售网点,其作用是任何书店都无法比拟的。

目前,我国一、二线城市的超市、便利店已经成为期刊销售的主战场,并积累了不少成功经验。而且这一经验正在逐步推广至全国,这一模式的销售网点已出现遍布全国各地的发展态势。

此外,作为期刊销售渠道的拓展,鉴于超市以及便利店未来发展规模的乐观预期,在配送方面应以重点畅销期刊为主,并要综合考虑配送成本、配送频次、退货周期,同时配送的重点畅销期刊要以半月刊、月刊为主,品种不宜太多,最好摆设在收银台附近,让顾客在结账等待的时候,信手拈来。

3.3.2　交通站点

在发达国家,很多城市的公共交通场所,都设立了期刊零售点。在国内,由于机场、地铁站、汽车站、火车站等交通枢纽人流量较大,也适合在这些地方建立期刊零售点,这些交通站点无疑给期刊零售和品牌推广带来了巨大的商机。

1)地铁

地铁,作为一种方便、快捷的出行方式已成为人们外出时的首选,因此地铁拥有着庞大且相对固定的乘客群。在北京、上海等城市,地铁作为许多人的首选交通工具,日客流量均突破几百万人次。庞大的人流也孕育着无限的商机,地铁书报刊销售网由此应运而生。

目前,国内的地铁期刊销售网点情况,如北京地铁,出于安全考虑,曾撤销了原先各自经营的报摊点,并于2004年7月成立金蚂蚁报刊零售有限公司,在地铁1,2号线等设立流动报摊销售期刊。而上海地铁,上海地铁书刊服务公司占据了90%以上的报刊零售,其余不到10%由一些个体书店经营。该公司拥有的近百个报亭、报柜存在两种经营方式:一种是直营店,销售人员属公司,由公司统一管理,发工资和奖金;一种是合作店,公司只负责配货,充当的是发货商或者货物供应商的角色。销售刊种近200种,其中比较热销的是时尚休闲和财经类的期刊。

期刊地铁销售模式方面,比如期刊进入方式,通常新刊有六个月的试销期,按销售排行实行末位淘汰。在入场费用方面,可以一次性先交一定的入场费,如试销合格,则不用再交;如不合格,会被要求出局,费用也不返还。服务方面,公司提供销售数据,帮助促销,比如信息管理体系提供单品每一个点的销售数据,对于卖得不好的期刊,公司会采取更多手段促销。

当然,期刊地铁销售也存在一些问题:如盈利点低,甚至不到10%。而且光靠销售也不行,还要开展宣传推广、促销、读者信息反馈等多种服务。此外地铁方提供的可租赁报摊网点大小、位置不一,难以统一配置;而且大多网点面积较小、品种较少。有时,个别地铁由于客流量非常大,为了保证客运,地铁公司对期刊配送时间和数量也有管制,高峰时段禁用手推车运送报刊,影响期刊配送的时效性,影响刊物销售。

未来,随着城市交通的发展,为了缓解地面持续高涨的交通压力,国内将有更多的城市修建地铁或增加地铁线路,因此地铁作为期刊发行渠道的重要性,将越来越彰显。

2)机场

机场,对比其他公共交通方式,属于高端市场,因此卖场租金较贵,销售成本更高。但是,机场客流主体是商务人士,而且年旅客流量可以在千万以上,因此对期刊的潜在购买能力也更强。

机场渠道除了一般的销售功能外,还具有展示、第三次售卖等特殊作用。多数进入机场渠道的期刊,展示是其首要目标,以此提高期刊对广告商的吸引力。通常,机场书店成为众多候机旅客打发时间的最适宜的选择,能够吸引不少旅客聚集周围。此外,虽然机场的销售成本很高,但是多数航空旅客都具有较强消费实力,因而机场书店主要销售价格在10元以上的时尚、财经和旅游等类别的高档期刊,如《财经》《时尚》《瑞丽》等;也可以销售一些期刊的重印、合订本、特刊、精选本,实现期刊的第三次售卖,比如《读者》《青年文摘》的合订本、《中外管理》的精华本,都很受读者欢迎。

目前,机场渠道的盈利方式已经从以销售折扣收入为主向销售利润和服务收入并重转变,服务内容包括了灯箱、海报招贴、展示位拍卖、特殊陈列,等等。虽然机场渠道的地位不断提高,但发展中也面临诸多问题。

首先,机场渠道内部不统一,经营理念有待转变。目前许多机场都是一个渠道同时被多家企业瓜分,比如上海浦东机场出发港的所有期刊销售点都属上海外文书店,但其在虹桥机场只有一个期刊零售点,其他都由机场三产下属的上海鸿兆图书销售有限公司经营,浦东机场到达港的期刊销售点又属于中山书店。因此机场渠道对期刊社的影响力被严重削弱,也降低了渠道对期刊社提供服务的内容和质量,导致了收益的大量流失,从而制约了渠道自身的发展。

另外,机场渠道的客户服务意识有待增强,且盈利构成需要从以销售收入为主转向以服务收入为主。同时,机场渠道对期刊社的营销意图贯彻得不彻底,推广方式匮乏,缺乏创新开拓精神,个性化服务与多样化促销等方面也不能令人满意。

再次,管理水准也有待提高。由于受经营者能力、营业员水准等因素的限制,机场渠道在日常销售服务上还应给予足够的重视,注重对不足之处的改进和完善。需要改进的地方有:产品配送的精准性差、账款结算效率低、缺乏有效的数据分析等。

发展机场渠道,实现机场书店和期刊社分享增值收益的目标,还应当依据期刊社需求和机场的特殊性,谋求更合理的期刊经营网点布局,提高信息采集和分析能力,增强促销力度,强化展示效果,从而建立与期刊社共赢的合作关系。

3)其他交通站点

除了地铁、机场之外,火车站、汽车站、码头等交通站点也拥有较为丰富的客流量,是期刊零售可选的渠道。比如北京东、西、南、北四大火车站的人流无疑是最有卖点的场所,而且折扣率均较低,为40%～50%,以西客站、北京站为例,期刊网点多而较健全,但进入渠道较混杂。

北京汽车站的人流亦不可低估,众多长途客运站既是分流渠道也是销售渠道,北京汽车站约有书摊100个,其期刊销售主要由公交公司掌控配送。在深圳蛇口码头,金榜传媒公司新增了期刊销售网点——品城书店,以丰富大众精神食粮,为客户提供更快、更新、更潮流的文化产品。

3.3.3　书　店

书店主要包括国有书店及民营书店。在国有书店中全国新华书店系统有11 000个网点,现在各省大多数新华书店为了扩大经营范围,都开辟了期刊柜台。

据了解,全国有些省店已成立了自己的期刊批销中心专门营销期刊。期刊社可以通过省店的期刊批销中心来发行期刊。位于西单路口东北侧的北京图书大厦是全国大型国有零售书店之一,是北京市国有书店中规模最大、经营品种最丰富、最早运用信息化技术和管理模式的旗舰书城。其始终保持市场领先地位的销售业绩和经营规模使北京图书大厦堪称全国"第一书城"。经营上以图书和音像制品为主,兼以期刊的销售,在地下一层——原版图书专区,原版期刊设专架陈列。

民营书店作为期刊零售渠道力量也不可小觑,如在深圳主要集中在关内,规模和名气较好的有:久美书店、求知书店、读者长廊、2+1书店、方点圆书店、发展书店、物质生活书吧、新时代、人才书店等近几十家大大小小的店,根据客户需求这些书店都有期刊销售,而且也具有一定的需求量,杂志主要来源是图批中心和部分配送队伍。

3.3.4 报刊亭

报刊亭是我国期刊发行的重要零售渠道,期刊零售量的大部分是通过报刊亭实现的。各城市都建立了不少报刊亭,这些报刊亭有的属于邮政系统,有的是邮政、期刊社和其他企业联合建设,还有相当数量的个体报刊亭(图3.3)。北京市有报刊亭5 000多个,广州市区内的报刊亭超过3 000个,上海东方书报亭零售网点发展已到5 000多家,包括邮局报刊亭销售网络、新华书店网络、东方书报亭网络、超市网络和个体户等。对于大众期刊来说,报刊亭是比较重要的渠道,但是对于高端期刊如《周末画报》《外滩画报》以及时尚杂志而言,报刊亭渠道只是其全部发行渠道的1/4或1/3。出于现实经营的需要,许多

图3.3 城市报刊亭

报刊亭同时还经营着一些副业,如饮料、电话卡,有的甚至还经营着彩票。据摊主反映,个别繁华区域的报刊亭期刊的批零差价每月只有一两千元,而其他各种收入来源包括书刊展示费,报刊亭亭身海报收入,电话卡、饮料等消费品收入比例甚至能达到5 000元以上。

3.3.5 其 他

除了上述发行渠道,一些期刊社和发行公司也将触角伸到银行、写字楼、酒店、学校、社区等其他渠道。

1）酒店

对于不同的特殊渠道，杂志社寄予了不同的期望。而对杂志社来说，宾馆酒店的重要性，不在于它能卖出多少，而在于让杂志的广告客户看到，在于其公关宣传推广的平台效应，进而带动广告销售的增值服务。也就是说，这条渠道是"行发行之名，做品牌推销"，可谓最装门面的渠道。

据了解，有无精神文化产品成为评定宾馆酒店星级档次的考核内容之一，因此在全国省会城市和直辖市的三星级以上的宾馆酒店内一般都有杂志销售，这些杂志又以时尚类和财经类为主。

目前，大部分城市缺乏专门性发行机构统一负责当地宾馆酒店的杂志配送，难以形成规模效应。而杂志的展示一般在宾馆酒店的大堂或商务中心，较少进入客房，杂志社付出了"星级"的成本，却难以获得"星级"的服务。

2）社区

现代化管理完善的社区越建越多，其巨大的商业价值也越来越受到重视。近几年来，面对日趋拥堵的各种发行渠道，杂志发行开始将目光聚焦到社区领域。

和其他发行渠道相比，社区拥有渠道顺畅（不会因为与众人争挤一座独木桥的问题而造成在渠道中大量滞销）、终端封闭（排他性比较强）、品牌专一（消费者较易认可所购买的杂志，且易建立起习惯性购买）等优势。

杂志在社区的销售量暂时还无法与报刊亭相比，但销售率却比报刊亭高得多。最早进入社区的是一些生活类、健康类杂志，现在，更多时尚类、专业类杂志也看中了这个市场，那些聚集着各色高收入人群的高档住宅区是他们的目标。

无论是发行公司还是杂志社，都对社区这一发行渠道的重视度越来越强。但这个渠道的开发现仍处在探索阶段，还没有一套完善的可操作模式提供给人们借鉴。

如今一些城市（如广州）近两年已经开始在加油站进行期刊销售，北京的中石油加油站也开辟了期刊销售柜台。

3.3.6 小 结

毋庸置疑，占有的渠道越多越通畅，杂志发行的优势就越大。中国第一本真正意义上的男性时尚期刊《时尚先生》，是时尚杂志社与世界名刊《ESQUIRE》杂志版权合作的结晶，无论在报刊亭、地铁、超市还是机场、酒店、会所、美容院，到处都可以看见该时尚刊物的身影，它已经拥有了庞大的男性读者群，成为中国男人时尚生活的领导者。各大期刊社以及期刊发行公司应根据期刊的特点、市场定位等选择合适的零售渠道,从而最大限度地扩大期刊销售量。

【课后练习】

1. 请举例说明期刊发行有哪几种主要渠道。

2. 期刊订阅有哪些常见方式?如何提升读者续订率?

3. 请举例说明可通过哪些主要渠道进行期刊的零售。

4. 请举例说明期刊促销的主要方式有哪些。

模块4

报纸发行实务

学习目标

【知识目标】
1. 了解报纸订阅的形式；
2. 了解报纸订阅的优点；
3. 掌握报纸订阅的技巧；
4. 掌握投递对征订的作用；
5. 掌握征订发行的策略；
6. 熟悉报纸续订的内涵；
7. 了解和熟悉报纸零售的方式。

【技能目标】
1. 了解报纸发行员的工作流程；
2. 熟悉提高投递服务质量的方法；
3. 掌握与零售商、摊主建立和保持良好关系的方法；
4. 了解客户订报的主要用途；
5. 掌握征订业务操作的手法；
6. 掌握利用新闻信息做征订的方法；
7. 掌握利用广告做征订的方法；
8. 能进行业务手法创新。

【职业素质目标】
1. 培养学生分析、思辨、判断、决策的能力；
2. 提高学生与人沟通、组织协调、团结合作、勇于创新的职业能力；
3. 适应环境、调整策略和方法的能力；
4. 信息采集、分析与处理的能力；
5. 培养学生吃苦耐劳的精神和优质服务意识。

【教学重点和难点】
1. 让学生了解和掌握报纸订阅的方式与策略，能在今后的发行实践中针对不同情况采取并创新发行手法。
2. 培养学生吃苦耐劳的精神和进行业务手法创新的能力。

在我国现有报纸市场中,市场份额最大的是大众媒体的报纸,除此之外还有一批专业性报纸,例如英语周报等,他们的发行重点则在自办发行上。专业性报纸的发行方式主要集中在集体订阅上。本章所阐述的报纸发行专指大众媒体报纸的发行。我国报纸发行主要有两种不同的渠道,即邮政发行和报社自办发行;两种不同的销售方式,即订阅与零售。本书主要阐述报纸发行的两种销售方式——订阅与零售。

4.1　订阅销售

报纸的订阅与零售,贯穿于报纸发行的始终,其中,订阅是基础,是报纸发行得以稳定的根本保障,零售是十分重要的发行渠道,是促进和推进报纸发行迈上新台阶的重要发行手段。即使如美国的《纽约时报》,其零售仍然占总发行量的40%,这也是一个绝对不可忽视的发行量,必须高度重视。这也说明,订阅和零售两种方式互相依靠,不可分割,有人把两者的关系形象地描述为"无订不稳,无零不活",这种描述是十分准确的。订阅和零售是相辅相成的,订阅是一种传统的发行方式,它可增强人们对该报纸的信赖度。

从报纸发行的实践来看,订阅与零售既有联系也有区别。订阅和零售存在着密切的联系,一般来说,零售量比较大的报纸订阅量也较大,零售量的上升往往意味着订阅量也将上升,所以,报纸零售量的变化往往就是报纸发行变化的晴雨表。另一方面,订阅和零售有比较大的区别,具体表现在:其一,发行渠道不同,零售主要是采取层层批发制,由送报员完成,而订阅主要是层层分发制,由报社发行部门的投递员负责;其二,价格不同,订阅价高于报纸零售的批发价;其三,可控程度不同,零售是不易控制的发行,而订阅在一定时期内是可控的;其四,运送优先顺序不同,在报纸运送中,一般是零售优先,其次才是订阅报的运送;其五,二者的高峰期不同,订阅一般有明显的高峰期,主要集中在每年的 10 月至 11 月份左右,而零售的竞争则每天都在进行。由于零售与订阅的这些区别,在发行业界有"零订分开"的说法,即这两种发行方式采用的是不同的销售渠道,订阅采用的是分发—投递渠道,零售采用的是配送—批发渠道,故这两种发行方式需要分开管理。本节主要阐述订阅销售技术,零售销售将在下一节阐述。

4.1.1 订 阅

1）新订率与停订率

报纸订阅,也称报纸征订。报纸征订,是指读者以月、季、半年或全年为周期订购报纸,并以投递方式完成的发行形式。报纸订阅的优点是:订数稳定,订金预收,订时跨度长。与其他商品比较报纸订阅特征是报纸作为商品最为特殊的性质,其他商品一般只有零售,即使有预订销售,消费者事先必须被告知商品的生产规格与质量标准,但读者在订阅报纸时,并不能对报社提出这样的要求,读者也无法干预报纸的编辑,更不能要求报纸按照自己的标准来编辑、排版等。报纸的这种特征决定报纸订阅的难度是非常大的,订阅发行花费的成本非常大。报纸订阅的任务是把过去不属于本报的读者或者是报纸的不稳定读者变为报纸的稳定读者——订户,主要表现在两个方面:一是要提升征订量,拓展越来越多的新订户;二是要想方设法留住老订户,把报纸的停订率降低到最低限度。这样,订阅发行就达到了理想状态,老订户越来越稳定,新订户越来越多,形成一种"滚雪球"的发行状态。与此对应,报纸征订有两个基本概念,即新订率和停订率。

掌握征订发行的技巧,首先需要对其中涉及的几个指标的概念有明确的认识,如新订、续订、开发率、停订率等。新订是指成为某报新订户的读者;续订是指读者订报周期快结束,继续向读者征订的行为;开发率是指新征订的份数与现有发行份数之比;停订率是指本报读者停止订阅本报的份数与现有发行份数之比。

新订、开发率是针对新订户而言的,续订、停订率则是针对老订户而言的。一般来说,开发率高、续订率高,而停订率低,报纸发行呈上升趋势;相反,开发率低、续订率低,而停订率高,则报纸发行呈下滑趋势。由此可见,报纸征订的成功涉及新订户的开发与老订户的稳定两个方面,提升开发率、续订率,降低停订率是报纸征订发行的经营目标。因此,报纸征订发行的基本技巧是应形成一种"滚雪球"的发行状态,尽可能地稳定老订户,尽量多开发新订户,并且做到开发一户稳定一户,越滚越大。

所谓新订率是指新订阅的份数与已有发行份数之比。用公式表示:

$$新订率 = 新订阅的份数/已有发行份数(现总发行份数)$$

停订率是指本报读者停止订本报的份数与现有发行份数之比。用公式表示:

$$停订率 = 读者停止订本报的份数/现有发行份数$$

新订率与停订率是衡量发行水平的两个基本指标,一般来说,新订率高、停订率低,表明该报发行呈上升趋势,也说明发行水平高。反之,新订率低、停订率高,预示该报发行呈下滑趋势,一则说明发行水平低,二则可能是报纸的内容质量较差,市场竞争力差。

2) 报纸订阅的方式

报纸订阅的方式是指报纸通过何种途径或手段获得订户。主要有两种模式:一是主动式征订,即上门订阅、电话订阅等发行部门主动出击发动订阅;二是被动式订阅,如报刊发行站订阅、银行订阅等,读者到报社指定的地点订阅。目前我国报纸征订的常用方式有以下几种。

(1)发行员上门订阅

由报社派出发行员挨家挨户动员订报。由于发行员来自社区,邻里街坊之间大多非常熟悉,所以推销报纸也很见效。在我国报业发行史上,上门订阅的典范就是《华西都市报》(以下简称《华西报》),《华西报》1995年开始在订阅市场上采用上门订阅——"敲门战术",即组织千人规模的发行队伍走街串巷,深入社区,挨家挨户向居民征订《华西报》。《华西报》发行量在创刊之年便上升到10万份左右,1998年达到50万份。进入新世纪,由于居民对陌生人敲门非常害怕和反感,上门征订遇到了极大阻力,为取得订户对上门征订的信任,解除他们的戒备心理,《华西报》以各种温馨的方式进行敲门征订。例如:

"玫瑰敲门行动"——2001年,在郊县买了十几万枝玫瑰,用《华西报》的宣传材料做成花筒装上一枝玫瑰和一份《华西报》,由披着《华西报》绶带的发行员敲门,一些居民从猫眼中看到玫瑰和精美的花筒,一般都会乐意把门打开,询问一下,就请发行员进去商谈。

"健康服务敲门"——2003年"非典"期间,《华西报》和蓝剑(啤酒)集团合作,共印制了50万份防治"非典"手册随报纸发行,读者非常满意,有些地方没有送到,听说了此事的订户打电话催着要手册,接连几天发行电话响个不停。

上门征订,"敲门战术"取得胜利的关键在于处理好与订户的关系,取得订户的信任。发行员与订户建立起深厚的感情的方法很多,例如上门代收废报纸;义务帮订户提门口的垃圾袋等。

(2)电话订阅

所谓电话订阅,即报纸发行员向居民家中或企事业单位打电话,通过介绍本报的优点及最新推出的优惠政策,说服客户订阅。据称,电话推销是扩大家庭订阅量的最佳方式。美国报纸特别注重家庭订户,认为他们是吸引广告的最有效订户。报纸将三种人列为电话促销的"主攻"对象:一是新迁入的居民,二是尚未订报的住户,三是曾经订报但最近停订的住户,目的在于发展新订户。对于那些正常订户,很多报纸的发行人员也会每年进行"地毯式轰炸",挨家挨户打电话问候、致谢并听取意见,目的在于稳住已有订户。

作为公共关系礼仪的沟通纽带——电话,得到越来越多人的重视,通过电话来达到销售的目的也极为普及。那如何有效地使用电话是每一位发行员应该重视的。

发行员在打电话前应注重以下事项:

①打电话前写好要讲的内容及想得到的信息(如了解到订户或单位订户负责人的姓名、直线电话、手机号码等),再确认电话号码、姓名、称呼,以及谈话的内容,谈话内容一般为:本报的改版、推出的新服务和内容上的新改进及分类广告的新扩充等"变化",希望您通过订报来享受这些"变化",目的是说服读者订报。

②选择好恰当的时间(家庭订户一般选择在傍晚6时左右,单位订户一般选择在工作日的上午9:00、11:00或15:00—17:00),也可选择非常规的时间段来拨打电话。

③打电话的程序及礼貌用语(尽量拨打直线电话,如果是手机的话,最好先发个信息提示,一定要自我介绍)。

④如何突破前台的接线员(如你可以说我是某某报社的投递员,现有一个信息要转告你们负责人等话题)。

⑤在心情不好时,尽量调节好自己的情绪后再打(有必要时暂时不打或站着打)。

⑥接通电话后,要主动介绍自己,在确定对方身份后再作交谈。必要时,应询问对方谈话是否方便,在得到肯定的答复后再开始交谈。

⑦打电话时尽量不要有不雅的姿态(如抽烟、打电脑、看书等行为),因为这些行为通过电话是可以传递的。

⑧要善于使用个性化的语言(声音),说话声音需比平时稍大些。

⑨打完电话后,尽量等对方先挂电话。

⑩一旦电话遭到对方拒绝时,就可以考虑直接上门拜访,当然,这也是上门拜访的理由。

(3)网上订阅

目前我国绝大多数报社都设有自己的网站,其中绝大多数是免费的。那些办得好的报纸,网站点击率也高,于是各报都视此为扩大发行的商机,精心设计网上订报程序,操作起来十分方便。当报纸推出新的优惠措施时,网站会以"闪烁广告"的方式提醒用户注意。例如,《理财周报》,为吸引读者订阅,2011年在蜘蛛网上推广网上订阅,全年订阅可享受8.5折(图4.1)。

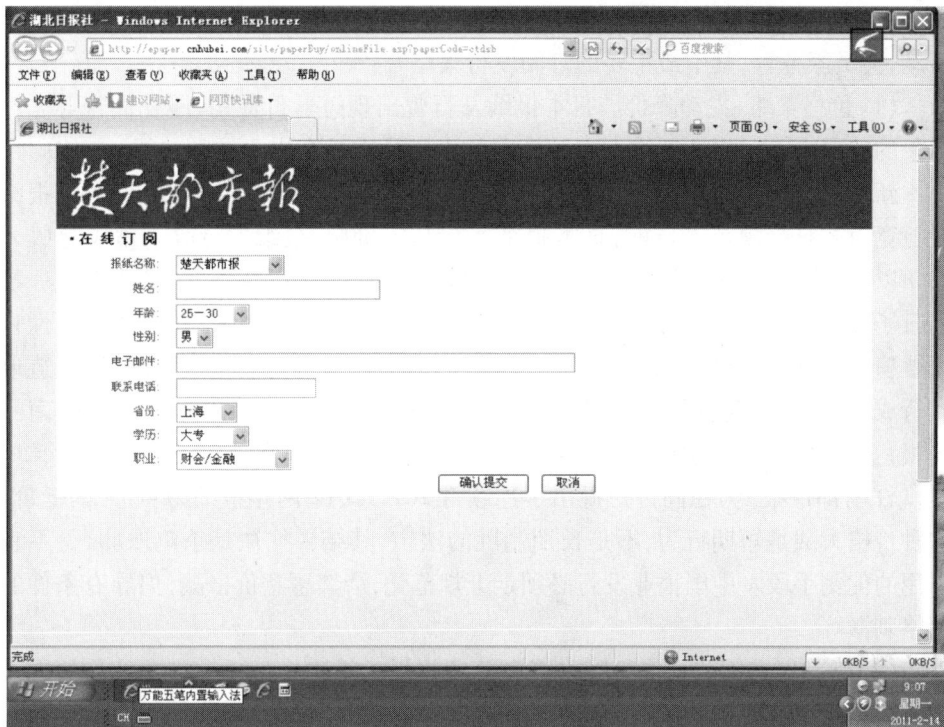

图4.1　报刊在线订阅系统

（4）发行站订阅

报纸的发行站一般分布于市区交通方便的地方,数量众多,地址固定,便于读者找寻,因而发行站常兼征订的功能。

（5）酒店订阅

向旅馆酒店促销的报纸过去主要是一些全国性的大型日报。《今日美国》是这类促销法的开先河者。该报在创办之初,就把旅馆业作为重要的发行对象,给酒店以较大折扣,把报纸发行到每间客房。据悉,该报一半读者是旅行者。《华尔街日报》紧随其后,也向全国各大酒店发起攻势。

报纸征订的形式多样,除了上述五种方式外,还有银行征订等多种形式。无论采取何种方式征订,都必须以便利读者为宗旨,如《新京报》在其提供的九项特色服务中有:一报两投(周一至周五投办公室,周六、周日投家里);可根据需要自由转址、延期。

3）报纸订阅的促销策略

订阅能够稳定读者群,提升广告效益,许多报社都十分重视订阅发行,通过各种各样的促销策略推广发行。常见的订阅促销手段有打折、送礼、送报、抽奖、组织活动、会员服务等,其中最主要的订阅发行策略有:

(1)价格策略,主动降价。日本报纸发行曾出现过低价促销、厚礼促售等恶性竞争的状况,后来,报社不得不求助日本公正交易委员会出面协调,1994 年 10 月,日本新闻协会重申严禁报纸不公平销售的《销售正常化共同宣言》。日本的报纸发行竞争才日趋规范。目前,日本报纸实行高定价制,报纸发行收入占了总收入 50% 以上,但为了扩大某一地区发行量,在某一地区会实行特别低价,或在某一特别日子,对某特定人群实行特价订报,以此刺激发行量。近年来,我国的综合性日报普遍采取低价策略,价格与成本严重倒挂,加上促销送礼大派送泛滥成灾,造成发行成本过高,报纸经营十分困难。以 2010 年南昌市为例,《江南都市报》《南昌晚报》分割了南昌市的主要市场份额,这两份报纸竞争非常激烈,其中 2010 年 10 月,《江南都市报》为稳固订户抛出了连续订 2011、2012 两年报纸为 40 元的低价。这种价格大战是短期行为,不是长期制胜的法宝,其结果往往是杀鸡取卵,是不宜采用的促销手段。中国报业发行必须走上规范化,严禁恶意价格战,倡导有条件的价格刺激。

(2)赠品促销策略。作为吸引读者订阅报纸的策略之一——赠送礼品的方式是很多报纸都曾使用的策略,这种策略好比一把双刃剑,使用得不妥,报纸发行量越大,发行成本就越高,不仅增加了发行成本,而且降低了报格;使用得当,将进一步扩大报纸的知名度和美誉度。

例如:全国第一份也是唯一一份由广电系统主管主办的综合性都市类报纸——《东方今报》于 2004 年 9 月 1 日正式出版发行之始,就实行了"买一送一":即订一份报纸 144 元,送价值 144 元的礼品,结果当年就送掉了数以千万元的礼品。这种做法只能是视为《东方今报》初入市场,打开市场的权宜策略,不可长期使用。如果类似的赠品促销策略越演越烈的话,只能带来一个后果,报纸间互相厮杀,出现无序竞争,最终导致整个报业的崩盘。

赠品销售策略使用得当,将扩大报纸的知名度,推广报业集团的"品牌一屋"。所谓"品牌一屋"是指在一块招牌下面有着一系列冠着家庭名的子品牌。例如,在南方报业集团内有以《南方周末》为龙头成立的"南周报系",以《南方都市报》为龙头成立"南都报系",为在北京地区扩大"南周报系"的《南方周末》《南风窗》,南方报业集团在 2010 年 8 月的《新京报》订报优惠套餐中除采取实物赠品外,还推出了赠送"南周报系"的活动:306 元订阅一年《新京报》360 元 + 一年《南方周末》156 元或 390 元订阅一年《新京报》360 元 + 一年《南风窗》208 元,即花 306 元订阅价值 360 元的《新京报》免费赠送价值 156 元的《南方周末》或花 390 元订阅价值 360 元的《新京报》免费赠送价值 208 元的《南风窗》。南方报业集团借助《新京报》在北京地区的影响力,采取免费赠送《南方周末》或《南风窗》的策略,不仅巩固了《新京报》在北京的发行量,而且扩大了"南周报系"的"品牌一屋"的效益。

(3)增值服务策略,维系顾客的品牌忠诚度。增值服务指根据客户需要,为客户提供的超出常规服务范围的服务,或者采用超出常规的服务方法提供的服务。棒球是日本的国球,可以说作为一种文化,棒球已经深深地融入了他们的血液。日本人气最旺的读卖巨人棒球俱乐部隶属于读卖新闻集团,拥有巨人参赛的门票对许多热爱棒球的人而言是梦寐以求的,门票便成为各地读卖新闻会(《读卖新闻》专卖店组织)最重要的读者服务内容之一。各地读卖新闻会拥有当地棒球联赛的主办权,《读卖新闻》以门票为独特利益大力扩大读者规模并维护老读者对该报纸的忠诚度,将巨人参赛门票作为忠诚回报和读者增值服务的一种营销策略。这一策略,近年来,也为我国的报业界采用,例如,江西省发行量最大的报纸——《江南都市报》,每年与江西省京剧团、话剧团、采茶剧团联系,独家发行,免费赠送这三大艺术团体的公益演出门票,或与各大院校、社会团体联系,以发放各种讲座门票等形式回馈读者,提高了各类读者群对《江南都市报》的忠诚度。

图 4.2　公益报刊栏

(4)阅报栏运营策略。新中国成立以来,我国报业重视阅报栏建设,但近年来,由于经营管理不力,一些地方的阅报栏消失了(图 4.2)。其实,重新开发和利用阅报栏的独特价值,变阅报栏为发行终端,是拓展发行覆盖、建构新型发行终端的重要举措。如近年来开始出现的新型多画面滚动灯箱式阅报栏,上部为活动广告,可发布户外广告;中部为 LED 电子屏,可发布新闻、气象、广告等信息;下部是贴报栏,张贴当天出版的报纸。2009 年舟山日报社在市委宣传部的支持下,在全市 182 个渔村新社区建立了 189 个"党报阅报栏",在市区主要街道建立了数十个阅报栏。

同时,无锡日报报业集团发行公司也将数十个阅报栏建进社区。报社发行部负责将党报投递到位,由社区确定专人负责每天更换,并承担阅报栏日常维护、保养工作;报社还派人进行日常巡查,及时维修或更换损坏的阅报栏。新型阅报栏通过进一步扩大报纸和广告的受众范围,使新闻内容和报纸广告突破了传统报纸作为室内传播媒介的局限,从而使报纸在一定程度上具有了户外媒体的优势,是平面媒体拓展立体经营的重要手段。

(5)送报车运营策略。2004 年前,长江日报报业集团发行车队共有车辆 57 辆,但车辆使用效率低,闲置率高。长江日报报业集团将发行车队与湖北捷龙快速客运有限公司合资,成立长江报业捷龙快车运输有限责任公司,注册资本 800 万元人民币,长江日报报业集团占 51% 的股份,湖北捷龙快速客运有限公司占 49% 的股份。在保障长江日报报业集团所属报刊、印刷物资运发任务的前提下,积极拓展道路货物运输等业务。同时,无锡日报集团发行公司将所属送报车的车身广告进行拍卖,实现送报车车身广告经营的突破。送报车车身广告经营一为本报进行了宣传,二扩大了报纸的广告收益。

(6)小记者工程策略,培育小读者。近年来的读者调查表明:读者老化是当今报刊发行的突出问题,如何最大限度地吸引更多的年轻读者,培育下一代报纸受众,成为摆在发行商面前的重大课题。西方国家为培育下一代读者,开展了"NIE 工程"。

由世界报业协会(WAN)开展的报纸参与教育(简称 NIE)活动,迄今已有 60 多年的历史。它肇始于美国,由报界和教育界联合,通过免费赠送或折价出售的方式,让老师把报纸作为辅助教学的手段,从而激发学生对报纸阅读的兴趣,培养学生形成阅读的习惯。随着互联网的发展和年轻网民的日益增多,世界各地对 NIE 工程越发重视。据美国报业协会 2002 年的统计,2000 年全美有 950 家日报定期开展 NIE 工程。这些报纸向全国 10.6 万所学校提供报纸,有 38.1 万名教师在课堂上使用报纸提供的内容辅导学生。

近年来,国内报社也十分重视报纸参与教育,通过培训小记者、举办夏令营等活动吸引、培育"下一代读者"。例如"南昌晚报校园之星小记者""江南都市报第十届小记者夏令营"等,在同一座城市展开了吸纳小读者的争夺战。2004 年,绍兴日报社经当地教育局批准成立"绍兴晚报小记者培训中心",将订报、培训、旅游等相关产业链结合起来,形成了具有中国特色的 NIE 模式。具体做法是:发行公司以最优惠的价格向学校提供报纸,凡订阅者即成为"晚报小记者";报社利用所属记者写作水平较高的优势,定期开展新闻写作等教育培训项目,小记者的优秀作文在报纸上刊发;与旅游公司合作定期开展夏令营、冬令营项目及手拉手结对活动。到2009 年,绍兴晚报的小记者数量已经发展到 3 万余人,年经营创收数百万元。中国式 NIE 工程不仅解决了"下一代读者"的培育问题,还实现了增收创收目标,可谓一举多得。

(7)读者俱乐部策略。读者俱乐部最初是在图书营销中运用,现在在报业营销中广泛使用。例如:秦皇岛晚报读者俱乐部、羊城晚报读者俱乐部、合肥晚报社读者俱乐部、楚天都市报读者俱乐部等,其中秦皇岛晚报读者俱乐部在全国有很高的知名度和美誉度。秦皇岛晚报读者俱乐部成立于 1996 年 12 月。《秦皇岛晚报》创刊当年,广大读者自愿参加群众社团组织,其宗旨是"服务读者,扩大发行,促进办报",日常工作由报社发行部组织管理。经过十多年的发展,目前已有读者、会员8 万多人,其中 30% 是有十年以上会龄的老会员,俱乐部累计开展各项活动 800 多次,真正起到了在报纸与读者之间构架起一座桥梁的信息服务。读者俱乐部经常开展各种活动,定期组织读者活动,增加了报纸的吸引力;悉心听取读者的建议,提升了报纸的公信力;营造快乐的读者之家,聚集了报纸的亲和力;为读者提供增值服务,扩大了报纸的影响力;既稳定了老读者又发展了新订户。

读者俱乐部发行策略在凝聚读者向心力、提升读者忠诚度的同时,树立了报纸的品牌效益,以老会员带新会员的方式,像滚雪球般,理论上能不断扩大报纸的发行量。

4.1.2　续　订

续订是指读者订报周期快结束,继续向读者征订的行为。营销学的研究表明,开发新客户的成本是维护老客户成本的 5 倍,企业 80% 的利润来源于 20% 的老客户的重复购买,即与开发新读者相比,维护老读者付出的时间和精力更少、更合算。因而培养读者的忠诚度是发行业可持续发展的关键,续订是报业发行的关键点。

续订策略与订阅策略基本相同,目前比较盛行的续订策略是"会员营销",即发行公司通过优质的售后服务或有效的增值服务项目,为读者创造愉快的消费体验,最大限度地减少读者的"漂移",进而提升读者对报纸的依赖度。为配合订报,无锡日报发行公司专门定制了读者会员卡及会员手册,向所有读者赠送各种购物券、折扣券及相关免费消费项目,其价值远高于订报价格。读者持卡可在指定的消费服务场所享受 VIP 服务,可在特定时间到指定医院获得免费专家挂号等。由于读者卡能够给读者带来实实在在的优惠,因而得到了读者的青睐。该发行公司做大做活"会员营销",变订报为换"会员卡",以实现变被动订报为主动订报的目的。

4.2 零 售

报纸零售是指报纸以日为周期(还有一周两期、四期、五期、一周一期等为周期),由报摊、报亭、流动报贩等发售的发行形式。报纸零售有 3 个时间段销售量最大,第一个时间段是在上摊后的 1～3 个小时内销售量最好;第二个时间段是中午下班前后,第三个时间段是下午下班后。其中上摊后的 1～3 小时内能售出 69%,这反映了报纸的时效性和新闻性的特征对销售的影响。报纸零售有两种主要的方式:一种是层层批发的方式,即沿着发行总部(一级批发)—发行站(二级批发)—发行分站(三级批发)的渠道层层批发销售报纸;另一种是直接配送的方式,即由基层发行站直接把报纸配送到零售站。目前零售的主要方式有以下几种:

4.2.1 报刊亭

目前,我国除少数城市的报刊亭是国有以外,大多数城市的报刊亭是个体性质的。个体报刊亭一般是各种报纸发行的共同渠道,各种报纸都可以上摊销售。个体报刊亭是报纸发行的末端,数量众多,位置固定,一般发行效果较稳定,是报刊发行反馈的重要来源。个体报刊亭的投资较少,只需要一个几十平方米的门面,一般选择在人流较多,报纸需求较大的地方。例如,北京的报刊亭几乎遍布于每一个十字路口,它的形状整齐划一,海报和商品本身就是最好的装饰。个体报刊亭经营的报刊种类较多,凡是给予折扣优惠的报刊,只要可以盈利,他们都愿意经销,其销售量较大,是报刊零售最重要的渠道之一(图 4.3)。

4.2.2 交通站点

车站、地铁、机场等交通站点的报纸发行,越来越被重视,交通站点已成为与报刊亭一样重要的零售渠道。

长途汽车站、火车站、地铁是各类人群汇聚分散的地方,聚集了社会各层次人

图 4.3　报刊亭

士,报纸的交通站点销售势必扩大报纸的社会影响力和覆盖面。机场是城市的窗口和门户,大型城市的机场年旅客流量都在千万以上,并且往来旅客基本上是社会优势人群,是"含金量"非常高的读者群,因此,机场对于报纸品牌的提升和宣传有着不可比拟的优势。机场渠道的特殊作用在于展示,展示的目的在于提高报纸对广告商、对高端读者的吸引力。在机场,读者群的消费水平相对较高、读者群的社会影响力大,与其他渠道相比有着明显的优势。这种优势能更好地提升报纸的品质。

4.2.3　超　市

过去认为,报纸零售的终端建设就是要大力建设报亭,而现在报纸发行的零售终端正在悄悄发生变革。在城市建设日新月异,市容管理越来越严格的形势下,报纸发行销售终端的拓展日益重要。报刊零售店面正在转向大型店面以及新兴终端,如《纽约时报》的零售中,超市、便利店、连锁店的发行量已经占了70%,过去占据优势的报刊亭逐步居于补充地位,因为它的店面小、规模小、政府管制多。以前,美国零售市场上有3 000~4 000个报刊零售亭,但随着超市等正规店面发行量的上升,报刊亭的数量在逐渐减少。

4.2.4　其　他

1）流动摊贩

流动摊贩处于发行网络的最末端。个体发行人一般是到报社的发行站以一定的折扣(一般是八折)批发一定数量的报刊,然后到人流密集的场所,如车站、码头、商业街,或地铁、公共汽车站等地方叫卖。流动摊贩社会地位低,工作十分辛苦,利润也不太高,加上政府认为这些人卖报有碍市容,对这些人加以限制,他们的工作环境不稳定,只要条件变化,他们极有可能选择放弃发行,所以流动摊贩的发行量锐减。随着城市化进程的发展,流动摊贩会越来越少,甚至逐渐从报纸发行队伍中消失。

2）自动售报机

随着城市的发展,市容市貌的需要,报刊亭、流动摊贩逐步减少,报纸进超市成趋势,自动售报机成为零售终端的新宠(图4.4)。20世纪80年代初《今日美国》创刊后,在全国安装了13.5万台售报机,仅纽约就有3 000台,号称"在沙漠上都能买得到的报纸",使得报纸的发行量快速飙升,如图4.4所示。

2009年,珠海特区报与一家企业开展战略合作,在珠海主要车站、码头、学校、医院、高端写字楼等人流集中的黄金地点安装了数十台自动售报机。这些自动售报机不仅仅是报纸销售渠道,而且还是分众广告板渠道,每天有数百万受众注目,成为报社创收的一大新路径。

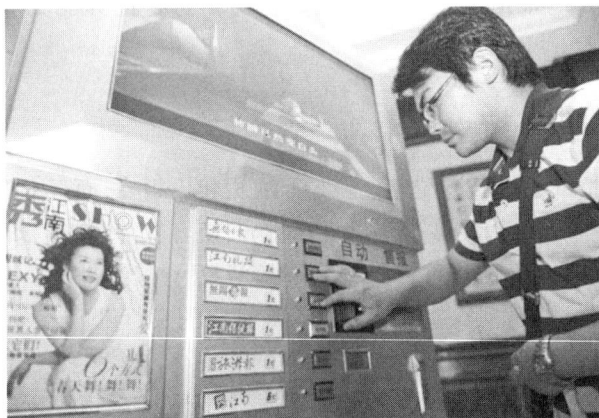

图4.4　自动售报机

4.3　案例精析

"发行闪电战"——兵贵神速,《潇湘晨报》高考特刊推广案例

1. 品牌名称:《潇湘晨报》

2. 产品种类:报纸

3. 广告运作名称:"发行闪电战"《潇湘晨报》高考特刊推广案例

4. 广告运作范围:长沙市

5. 推广时间:2006 年 6 月 8 日 20:30—23:00

概　述

2006 年 6 月 8 日,高考结束的当天晚上 20:30—23:00,《潇湘晨报》突然发动了一场覆盖长沙市的"发行闪电战",参与作战的发行人员高达 1 000 人,在短短两个小时的时间里成功完成了对长沙市 25 万读者的高考原版试卷特刊提前投递任务,使《潇湘晨报》在高考特刊发行这场向读者提供公共信息服务的战役中赢得先机,笑到最后。这场"发行闪电战"作为一次出色的品牌推广,在广大受众中强化了《潇湘晨报》的主流大报形象与美誉度,塑造了《潇湘晨报》坚持读者至上、以资讯服务大众的权威媒体形象。

《潇湘晨报》自创刊以来,已连续 5 年在第一时间发布高考试卷,2006 年更通过"奇袭战术"抢得先机,使领先优势得到了淋漓尽致的发挥,成为本报权威资讯的一大品牌。更重要的意义在于,《潇湘晨报》在正报正式投递之前将特刊先行上市。

前　言

兵法云:兵贵神速。对于向广大读者提供新闻产品和信息服务的报纸来讲,速度尤为重要。早一步将新闻资讯送到读者手中,就早一步占据报业市场的制高点。

"闪电战"是以"速度"制敌的经典范例。第二次世界大战伊始,德国凭借高度机械化的部队和强大的战斗意志将"速战速决"发挥到了极致,攻城略地,所向披靡。

2006 年 6 月 8 日晚,由湖南报业的领头羊《潇湘晨报》发动的一场"发行闪电战",也将其竞争对手《长沙晚报》和《三湘都市报》打了个措手不及,一举拔得了发布高考公共资讯的头筹。

局　势

目前,《潇湘晨报》在湖南全省的期发行总量已经超过52万份,在长、株、潭地区的发行量为42.7万份,是第二位报纸的近三倍。新生代市场监测机构2005年11月发布的《湖南省居民媒体接触状况分析》,本报在湖南六座城市(长沙、株洲、湘潭、常德、岳阳、郴州)的日到达率为25.07%,是第二位报纸的3.07倍,是第三位报纸的5.47倍。

由此可见,《潇湘晨报》身为湖南平面媒体的领军者,地位日益稳固,但是《长沙晚报》和《三湘都市报》一直虎视眈眈,尤其是《三湘都市报》在2006年5月17日全新改版,希望以此改变《三湘都市报》在湖南报业竞争中的疲弱态势。面对竞争对手的冲击,潇湘晨报社严阵以待,步步为营。

在这种形势下,三家报纸于6月9日分别推出的高考试卷特刊将是一次至关重要的正面较量,一次综合实力的全面展示。

教育是中国主流人群家庭的头等大事。在受众异常聚焦的高考资讯发布方面,媒体一直激烈争持,企图在资讯发布上独树一帜、赚足口碑。《潇湘晨报》创刊伊始,即以惊人的开创之举震惊读者市场——2001年7月9日,高考结束;7月10日,高考结束第二天,《潇湘晨报》在全省首次出版高考特刊,第一时间全面公布实用型公共资讯,完整地刊登高考试卷和答案。一时间洛阳纸贵,0.5元一份的报纸被炒卖到10元。这是湖南媒体对公共资讯及时披露的全新尝试,湖南报业史上第一次新闻大战也由此爆发,当天,《长沙晚报》原封不动地扫描刊登了晨报的高考版。这一事件还改变了省会报业的出报规律,长沙开始晚报早出,从此无"晚"报。

晨报高考资讯成功战例一出,自此以后每年其他纸媒纷纷跟风,在高考结束第二天均有高考试卷见报,满足受众的迫切需求。如何在2006年的高考资讯大战中出奇招,凭"独家"致胜?《潇湘晨报》决策层思虑良久:2006年6月8日,高考正式结束。按照惯例,其他纸媒均会在次日(6月9日)推出高考试卷特刊。如果晨报照此操作高考特刊,也就平淡无奇。只有争先机,打时间差,才能出奇制胜!最早披露的资讯价值堪比黄金,隔日则将沦为鸡肋!

战　事

由于高考特刊的特殊性,各媒体提供的资讯内容没有丝毫差异性,均为高考试卷及答案,所以较量的重点就转移到发行和服务上来。谁能让读者第一时间拿到高考特刊,谁就占据了这场正面对决的制高点。这时候,潇湘晨报社高层领导的创造性和决断力起到了决定性的作用。

6月7日,潇湘晨报社高层领导召开紧急会议,商讨高考特刊投递问题,最终确定于6月8日高考结束当晚提前投递高考特刊,抢在《长沙晚报》和《三湘都市报》次日发布之前。

有一个细节,可以表明潇湘晨报社领导的决心:为了以最快的速度将高考试卷及答案进行扫描,保障高考特刊提前投递顺利实现,报社临时调用现金添购了两台扫描仪。

6月8日,潇湘晨报社发行部发布了《关于2006年高考特刊提前投递的通知》,长沙市各科站的近1 000名发行人员全面到位,整装待发;6月8日下午,报社进行了总动员:记者、编辑、版式编辑、印刷、发行各个相关部门集体发力,开始了一场和时间赛跑的出版;高考一结束,潇湘晨报社马上派人到考试现场,拿到高考考卷和答案;18:30—19:30,扫描、排版;19:30,印刷;20:30,印刷完毕,第一份高考特刊送达订户家中;23:00,一场漂亮的发行闪电战接近尾声,长沙市25万读者在高考结束当晚就惊喜万分地收到了刚出炉的高考特刊。

整个行动紧张而有序,高考特刊一边印刷一边发行,1 000名发行员坚守岗位,连续作战,将战斗任务贯彻到底。

另外,为保证试题投递的宣传效果,使有需求的高考考生家庭及时获悉宝贵信息,《潇湘晨报》领导当机立断,决定联手电视台,发布高考答案正在投递的信息。由于电视台的节目带一般是提早两天录制好,如果当天临时再插入电视广告,将打乱整个广告带的编排,绝非可能。因此,晨报领导决定,选择省会长沙两家重要电视台,在节目播出带下方插入飞字幕广告,在完全不影响电视台节目正常播出的情形下,成功达到宣传效果。

当晚,从晚上8点半到10点,长沙新闻频道、长沙经贸频道开始循环播放这样一条震动全城的信息:《潇湘晨报2006年高考试卷及标准答案》特刊,此时此刻正在投递中。长沙市区二环线以内的《潇湘晨报》订户,将在今晚20:30—23:00收到特刊。长沙市尚在营业的零售报摊点及火车站地区,同步零售。

同时,参与宣传的还有湖南门户网站红网及新媒体湖南手机报和潇湘手机报,力求将这一信息送达到每位读者。

6月9日,长沙市区以外发行区域,高考特刊随报纸一起投递。至此,一场堪称经典的闪电战圆满落下帷幕。

战 果

在高考这一关系到广大高考考生家庭的特殊事件发生之即,《潇湘晨报》推出的高考特刊,极大地满足了广大高考考生家庭了解、掌握高考资讯的急切欲望。《潇湘晨报》的高考特刊实为号外,它是《潇湘晨报》充分发挥纸媒优势、突破传播极限的一次尝试。《潇湘晨报》自创刊以来,已连续5年第一时间发布高考试卷,彰显了晨报的资讯优势、服务意识与社会责任感,强化了受众对晨报"区域性主流大报"的理性认知,最大程度上增强了品牌在全社会的影响力和美誉度。

凭借此次战役,潇湘晨报社完成了预定目标:①满足读者对高考资讯的渴求;②提前投递,以"时间差"最大程度减弱了竞争对手发布高考资讯信息的影响力。同时,在如此短的时间之内,完成覆盖全市 25 万订户的密集发行任务,充分展示了潇湘晨报社领导的决断力和部属的战斗力,也成为一次对《三湘都市报》改版冲击的有力回应。《潇湘晨报》,作为湖南报业的领跑者,实至名归。

6 月 8 日,《潇湘晨报》还在头版预告将于次日刊发高考试卷和答案的消息,其零售中心的电话持续火暴,截至当天下午 6 时,其零售订阅比平时增加了 20 余万份。

紧随其后的采访中,众多读者在惊喜之余,也不禁感叹:《潇湘晨报》真不简单。第一时间拿到《潇湘晨报高考试题及答案》特刊的长沙市同升湖国际实验学校的校长孙培文说:"晨报想考生之所想,是真正在关注民生。"雅礼中学副校长吴年翔说,《潇湘晨报》第一时间送到的高考试卷及答案,对广大的高三考生和家长以及关心高考的老师,都是一顿及时的精神食粮。长沙火车站甚至出现了壮观的抢购场面。

而从 7 月 3 日—8 月 9 日的三家报纸的零售数据来看,《潇湘晨报》在零售发行上依然占据决定性的地位,零售总量占到 70% 左右,《长沙晚报》和《三湘都市报》依然只能分割蛋糕的小部分。三者的市场地位并没有发生彻底改变,《三湘都市报》改版对长沙报业市场冲击不大,长沙报业格局依然如故。对这场"发行闪电战"可以作如下总结:发动及时,策略得当,执行彻底,战果丰盛。

【专家点评】

《潇湘晨报》的这次动作开创了诸如号外先正刊正式投递之前而出和刊登社会资讯等诸多的创新,在其他竞争对手快速跟进之后,又及时地转移传播上的注意力,这两者之间的转换速度直接决定了推广活动的市场效果以及与竞争对手的品牌区隔,从而完成了一次效果、速度俱佳的传播活动的运动战。

——《广告人》杂志社执行主编　关键

4.4 职场指南

4.4.1 报纸发行员的工作流程

订报(到客户家中上门订报)

取报:每天清晨到指定地点取报

分报:将报纸分页组合

售报或送报:定点售报或送报上门

4.4.2 如何提高投递服务质量

首先要搞清楚为什么要做好服务? 服务带来什么? 服务带来利润的同时,解决更多员工的就业及提高员工的福利,从而为树立报纸品牌的美誉度与提高发行量有决定性的作用,特别是对物流、配送的投递队伍极为有帮助。

(1)客服(每天送报时主动与订户、摊主打招呼、并主动问候对方)。

(2)慰问(逢年过节的慰问,采用写信或送对联等方式)。

(3)沟通(主动拜访客户,有事情及时通知客户,可采用电话、字条、报纸上写字等方式)。

(4)服务(准时准确地投递报纸,主动上门清洗报箱、收购旧报纸、恪守承诺)。

(5)提供个性化的服务(周一至周五送单位,周六、周日送家里,提供义工等服务)。

(6)避免漏报、遗报(投递员在投报时,要做到投这家想到下一家,并按路段及份数来规范投递、放在保安处的报纸要写上订户房号、姓名,订户不在家时,要用纸条提示后帮订户保存好报纸。时刻记住一句话:损失一个订户影响十个准订户,多收摊主一毛钱,摊主记你一整年)。

(7)预防(班长、站长要通过跟线来发现问题,提前预防可能发生的问题,并及时弥补工作上的不足)。

(8)刺激(通过举行各种抽奖活动来激发订户和零售商)。

4.4.3　如何与零售商、摊主建立和保持良好的关系

首先要搞清楚为什么要与零售商、摊主搞好关系,关系好了能带来什么。

让零售商、摊主主动帮你推荐报纸,便于了解各种信息,如对手的销售报售数据及促销措施。

(1)为零售商、摊主提供信息(如报纸的新闻信息、天气的变化、礼品促销、城管检查等有利信息)。

(2)服务(主动帮零售商、摊主套报纸、卖报纸、换取零钱、解决缺版少页问题)。

(3)沟通(主动问候零售商、摊主,为他们带一些新资讯,聆听对方讲故事)。

(4)不贪图小利(不拿零售商、摊主一毛钱)。

(5)活动(定期举办一些零售商、摊主沙龙及一些使他们能得到实惠的活动)。

4.4.4　了解客户订报的主要用途

只有很好地掌握了客户订报的用途,才能有的放矢地为客户提供服务。客户订报主要有以下用途:

(1)消费品:个人、家庭阅读(主要表现在了解信息,增长知识,以及心理、感观上的享受)。

(2)必需品:行政订报(身份的象征,信息获取)。

(3)礼品赠送:商家通过订报赠送自己的客户,以求做好后续的服务(价值实惠、高贵、内容新鲜,延续一种关心)。

(4)收藏价值:满足部分读者的收集爱好。

(5)营销服务需求:价值实惠、高贵、内容新鲜,可夹广告宣传单及加盖宣传公章、张贴不干胶等服务,营销服务旨在延续一种服务。

(6)寻求媒体的支持和帮助:需要得到报社的新闻及广告支持等。

(7)为了做报社及员工的生意:如报社附近的酒家、酒楼想拉报社的生意。

(8)其他:如被投征员感动,完全凭人情订报、花场订报用来包花等。

4.4.5　征订业务操作手法

征订业务操作方法列表如表4.1所示。

表4.1　征订业务操作方法列表

序　号	拜访方式跟进步骤(沟通)	所占比重/%
1	登门拜访:首次见面,了解客户需求及获取对方信息、资料	40
2	再次拜访:送礼品、情感沟通、请吃饭	20
3	电话沟通:约见(打匿名电话)联络感情	10
4	邮寄:传递资料及问候、寄手写信、节日贺卡	10
5	传真:急需传真的资料(方案)及客户需修改的资料	10
6	短讯:对方不接受时,节日问候、幽默增强对方记忆	10

4.4.6　与企业之间开展订报合作

(1)吃早餐读报:如贵阳各茶楼里早上喝茶时能得到一份免费的(当日)报纸,买早餐奶送一份报纸等服务。其目的在于宣传一种饮食文化。

(2)商家为了服务自己的客户,把订报作为一种礼品附送。贵州西南国际家居装饰博览城,长期订阅308份《贵州商报》,六盘水移动订购10 000份《贵州都市报》赠给客户,一举创下了贵州最大的报纸订单纪录。

(3)积极地开展与各航空公司的合作,把握好决策读者。如乘飞机看报等服务。

(4)积极地开展与交通部门的合作。

(5)积极地开展与超市的合作。

4.4.7　利用新闻信息做征订

(1)重大新闻(国际、国内等,要留意,要通过看、听新闻或直接通过报社的采编部门来获取,有针对性地找一些目标订户)。

(2)天气变化的新闻要留意(是下雨还是晴天,这对你安排工作有帮助)。

(3)人物新闻要把握:如贵州都市报,报道了某企业领导的先进事迹,投递员可带上当天的报纸去找该企业领导订报,对方肯定能爽快地订阅几份报纸。

(4)区域新闻要把握:如贵州都市报,报道了某街道办的先进事迹,投递员带着当天的报纸在该街道办附近做征订业务,凭借此新闻可以比较好地开展征订业务。

4.4.8 利用广告做征订

(1)重要广告客户要留意:如某房地产在本报发布了广告信息,后经发行部的同事主动与广告部的同事沟通,经双方的努力,该广告客户一次性购买了一批报纸送到了客户指定的地址。

(2)利用精美的特刊有收藏价值的优势进行征订。

4.4.9 业务手法创新

(1)锁定高端用户,覆盖主流人群:2006 年中国石化贵州公司一次性订购贵州都市报 1 200 份,送给自己的高端用户。

(2)联姻知名汽车公司:让汽车销售公司一次性订阅本报赠送给新购小轿车的车主,本报可以配合在高端小区进行推广和提供后续服务。

(3)买楼送报:针对前来看楼的人进行赠送报纸,以求完善资料和跟进服务,积极地寻求楼盘开发商订报送给新入住的业主。

(4)发行广告打包合作:针对本报的重点客户,可以要求对方在投广告的同时,支持发行。一是作促销礼品;二是作服务跟进。而发行部给予广告商服务的客户提供个性化的服务。如上门做义工,擦洗报箱等个性化服务。

(5)网络新时代,创造新生活:积极开展与通信公司的合作。要求对方订阅报纸赠送给自己的高端用户。

(6)资源整合,一切发行资源都可能是企业需求的宣传途径:要求电器卖场把订报作为礼品促销,只要客户购买电器卖场的产品可获赠送报纸,其目的是做好后期的服务跟进。

4.4.10 其他辅助活动

(1)都市小区文明共建活动:发行员利用周六、周日的休息时间到各小区为广大业主扫地、扫楼梯、擦玻璃、清理游泳池、植树种草搞绿化等。

(2)服务联名卡:报社利用读者资源成立了读者俱乐部,并与商家联手推出联名卡。读者在订阅报纸的同时,可享受本报广告客户联盟提供的多重优惠,真正实现媒体资源的整合,是回报读者、回报市场、回报社会的一项服务。

(3)社区互动,欢乐先行:报社联合专业的乐队组织演出进社区,与社区、商场进行互动。

（4）经典影片巡回展映：报社可策划一些经典影片进入社区巡回演出。

（5）利用特刊的精美及有收藏价值的优势进行销售。

（6）走进高校，草根培植：报社可联系相关部门到各大学做活动。如电脑节、模拟法庭、人文讲座等活动。做到选择读者、关心读者、贴近读者、服务读者的办报风格和服务理念。

（7）策划活动，公益先行：报社与其他公司携手合作，策划送健康和安心到社区、学校和宾馆酒楼、写字楼、行政单位等活动来促进征订工作。

（8）都市真情，五福临门：发行部门多组织人员开展上读者家送福贴福的活动。

4.4.11　提供特色服务

（1）上门代收废报。

（2）订报即加入读者俱乐部，可享受会员服务。

（3）发行员与订户建立起一种深厚的信任感，如义务帮订户提门口的垃圾袋等。

（4）电话投诉，补偿相应话费。

4.4.12　利用特刊做业务

（1）发行部可联合广告部门做一些有针对性的特刊来拉动发行。如报社推出一个《汽车周刊》的特刊，只要客户参与，不但享受广告的回报，还可享受赠送报纸的服务。

（2）利用节假日与广告相关部门推出一个《宝宝我爱你》的特刊。只要订户订阅一份全年的报纸，可享受在本报特刊上宣传宝宝照片的优惠服务。

4.4.13　建议与提倡

（1）建议发行人员每天早上第一时间浏览当天报纸的新闻信息。

（2）学会利用报社的资源和整合外部的资源，多与各部门的同事沟通。

（3）对区域及本投递线路的重点客户要维护好关系，特别是广告客户。

4.5　本章小结

　　订阅与零售是报纸发行的两种主要方式。订阅的主要方式有报纸发行员上门订阅、电话订阅、网上订阅、发行站订阅、酒店订阅等多种方式,但无论采取何种订阅方式,都必须以方便读者为原则。

　　订阅能够稳定读者群,提升广告效益,许多报社都十分重视订阅发行,通过各种各样的促销策略推广发行。常见的订阅促销策略与报纸续订策略基本一致,主要有:价格策略、赠品促销策略、深度服务策略、阅报栏运营策略、送报车运营策略、小记者工程策略、读者俱乐部策略等。

　　常见报纸零售方式有:报刊亭、交通站点、超市、流动个体摊贩、自动售报机等。报纸发行无论是采取订阅还是零售的方式,都需为读者提供优质高效的服务,及时将报纸送到读者的手中。

　　【实践训练】

　　1.实践项目:南昌市截至 2010 年 12 月前,《江南都市报》独步武林,《南昌晚报》《信息日报》发行量随后。2010 年下半年,江西出版集团原《都市消费报》改版为《江西晨报》企图打开南昌市场,与《江南都市报》等报争夺读者,《江西晨报》定位为江西中产第一报。2010 年底,《江南都市报》《南昌晚报》《信息日报》已基本瓜分完南昌市场,如果你是《江西晨报》的发行员,你该如何打开市场?

　　2.实训目的:通过推广发行《江西晨报》(或本地区发行量较小的一份报纸)的实践,提高学生对报纸发行策略的认识和灵活运用的能力,使学生在发行的实践中了解报纸发行的流程;掌握提高投递服务质量技巧;了解客户订报的目的,以此有针对性地为读者提供不同的征订服务;在发行过程中创新发行手法。

　　3.实训内容:报纸订阅与零售服务。

　　4.实训条件:电动车或自行车、报纸、发行区域。

　　5.实训组织

　　(1)组织准备:学生以 4~6 人为一实训小组,以实训小组为单位在实训教师的指导下开展报纸订阅与零售活动,以实训小组为单位提交实训项目报告书。

　　(2)实训前的知识准备:了解和掌握目前南昌市报业市场情况,了解《江西晨报》的定位,掌握报纸订阅策略和零售方式。

（3）实操步骤

①熟悉报纸发行的两种方式,掌握报纸订阅策略,熟悉《江西晨报》的市场定位,并据此寻找辖区内的潜在读者群。

②根据不同的读者有针对性地采取不同的订阅策略。

③熟悉投递程序,做到及时、准确的投递。

④采用不同的策略维系订户,提高订户的忠诚度。

（4）实操考核

学生以实训项目报告的形式对实训作出总结,教师根据学生的订阅量、零售量、项目报告等指标评价学生的实训成绩。

【课后练习】

1.报纸征订的常用方式有哪几种?

2.常用的报纸订阅发行策略有哪几种?

3.如何评价报纸订阅过程中采用的价格策略?

数字出版物发行实务

学习目标

【知识目标】

1. 了解数字出版物分类及现状；
2. 了解网络出版物发行途径及付费方式；
3. 了解电子阅读器的功能特色以及支持的出版物电子格式；
4. 了解电子阅读器在数字出版发行环节的作用与形式；
5. 熟悉市场上三种主要的数字出版发行的运营模式；
6. 掌握数字出版物的销售方式。

【技能目标】

1. 了解数字出版物发展趋势；
2. 了解数字出版物的阅读方式对于图书策划编辑的新要求；
3. 掌握数字出版物的发行方式；
4. 掌握数字出版物的营销手段。

【职业素养目标】

1. 培养学生分析、思辨、判断、创新的能力；
2. 提高学生与人沟通的能力,组织协调、团结合作、勇于创新的职业能力；
3. 提高适应环境、调整策略和方法的能力；
4. 提高信息采集、分析与处理能力。

【教学重点和难点】

1. 让同学们能掌握目前数字传播发展的现状和趋向,能在数字出版物发行实践中灵活地运用所学知识；
2. 掌握数字出版发行营销的模式和有效路径；
3. 掌握手机出版物的发行特点与传播属性。

如今,数字出版物已经越来越多地进入人们的文化消费领域,正在逐步成为出版物市场的一个重要产品类别。中国新闻出版研究院统计数字显示,2010 年数字出版产业产值突破 1 000 亿元,连续 5 年增长幅度接近或超过 50%,成为新闻出版业新的经济增长点,数字出版代表着出版产业的发展方向和出版产业的未来,大力发展数字出版产业也将是推动新闻出版业成为国民经济支柱产业的必然选择。新闻出版业"十二五"规划已经把数字出版放在重要位置来推动。至今,获得新闻出版总署审批成立的国家级数字出版基地已达 8 家,数字出版基地的建设或建成从一个侧面折射出国家及各地政府对数字出版产业发展的迫切需求。

我们都知道,数字出版正在不断改变着我们原有的阅读习惯。那究竟什么是数字出版呢? 也许没人能给出一个精确的定义。这种新概念的内涵和外延本来就是在不断探索和发展中逐渐完善和清晰的,今天的观念也许到明天就已经落伍和不合时宜。不过我们可以从对数字出版物的分类、发行等方面来了解数字出版的现状。

5.1 数字出版物分类

造纸术和活字印刷术的发明改变了古代人们用结绳、刀刻木片来记事的落后方式,使人类的文明和文化有了很好的记录、存储和传播的载体。随着社会的不断发展,信息量越来越大,人们迫切希望能找到一种便捷有效的方式来进行阅读,以便在短时间内了解更多的信息,数字出版物就这样应运而生。

5.1.1 出版物电子版

1998 年,我国图书销售册数达到 77.03 亿册的顶峰,自此以后,图书市场便几乎一直处于单边下滑态势,近两年虽有所反弹,但整体走势不改。近几年,作为传统出版物的报刊和图书纷纷走上了革新的道路,开始推出电子版,以赢得更多的市场份额。

目前,我国绝大部分出版物电子版处于免费状态,但自打《人民日报》电子版从 2010 年 1 月 1 日起开始收费,网民们便心有戚戚。从道理上说,传统报纸的电子版收费,可以体现新闻传播的价值,提高经济效益。但大众如果可以从其他渠道免费了解到同样的信息,付钱的人自然就寥寥无几。国外调研公司 GfK 近期一项调查显示,全球 87% 的网民都不愿为网络内容付费。所以,从目前来看,有关《人民日报》电子版的收费是轰轰烈烈的收费运动的开始的说法是站不住脚的。

其实,对大众免费并不代表不盈利,在网络经济中,免费是一种非常有效的产品和服务定价策略,也是一种有效的营销策略。例如,在线运营的超星数字图书馆下设一个免费图书馆,提供 370 万中文图书部分免费试读。读者注册为会员后,便可在线免费阅读 14 个主题馆中的全部图书。这样就大大地吸引了很多的读者,成功地把前向收费转为后向收费。简单地说,前向收费就是向读者收费,后向收费是向广告商收费。以广告收入来弥补向读者免费的损失是数字出版的一贯手法。不论是电子版的报刊还是图书都可以采用这种策略来实现自己的初步发展,以达到扩大消费群体、占领受众市场的目的。

随着技术的进步和网络阅读习惯的逐渐形成,纸质出版与网络发行并行已经成为报刊出版的常态,甚至有些报纸直接取消纸质版。美国《亚洲周刊》和《西雅图邮报》就于 2009 年先后宣布放弃印刷版,仅出网络版。造成这一现象的因素有很多,读者人数持续下降、广告收入不足、经济增长放缓、阅读习惯改变等都是很多国外报刊重视数字出版的原因。纸质阅读逐渐被网络阅读、手机阅读所取代,经营方式也开始从以报刊为主、网站为辅,逐步向以网站或虚拟社区为主的经营模式转变。

5.1.2　电子书（E-book）

随着信息全球化以及互联网应用的普及,图书出版业出现了一系列的变革。计算机和互联网技术与图书出版相结合打破了传统图书出版的格局,电子书等新型图书出版横空出世。电子书是利用计算机技术将一定的文字、图片、声音、影像等信息,通过数码方式记录在以光、电、磁为介质的设备中,借助于特定的设备来读取、复制、传输。它由三要素构成:第一,电子书的内容,主要是以特殊的格式制作而成,可在有线或无线网络上传播,一般由专门的网站组织而成。第二,电子书的阅读器,包括桌面上的个人计算机、个人手持数字设备（PDA）等。第三,电子书的阅读软件,如 ADOBE 公司的 AcrobatReader,Glassbook 公司的 Glassbook,微软的 MicrosoftReader,超星公司的 S SReader 等。

电子书有储存信息量大、检索途径多、内容丰富、便于保存、复制方便、节省空间等众多传统图书无法比拟的优势,因而对传统出版业产生了巨大的冲击。从当前出版业的发展阶段来看,我国正处于传统出版与数字化出版相互结合、相互交叉和相互促进的转型期。在以图书、报纸、期刊出版等为代表的传统产业保持一定增长的同时,以数字出版、手机出版等为代表的新兴产业正在以惊人的速度发展,其势头甚至超过传统产业。不可否认的是,以亚马逊网站 Kindle 阅读器的推出和谷歌电子书销售为代表的新兴势力的崛起,已对传统出版业地位发起了不小的冲击。

电子书的载体、传播媒介和发行方式与传统图书完全不同,它改造着传统图书出版的整个流程。由于网络传播的即时方便,电子书在传播方面的优势尤其明显。因此,电子书一出现就引起了人们的极大关注。事实也在不断证明着其存在的价值,无论在国内还是国外,电子书的销售情况目前一年比一年好。但是,电子书自身也存在各种各样的问题,其中最重要的就是内容的提供。随着技术的升级和竞争的加剧,移动阅读终端的主要用途为阅读和知识搜索,电子书已从过去的终端竞争转变为平台竞争,并逐步向内容竞争转化。所以在电子书的下一步发展上,应首先重视内容。有了高质量的内容,就掌握了产业链的关键和制高点。因此,目前电子书产业虽然发展迅速,但仍然无法摆脱新事物发展所带来的阵痛。电子书事实上还没有真正被大众所接受。

5.1.3 电子报刊

近年来,电子报刊的出现引起了人们的广泛关注。从报刊出版的发展趋势来看,电子报刊将是未来报刊出版发行的主要手段。目前,电子报刊已受到越来越多媒体的重视,甚至部分报刊已经开始缩减传统纸质出版物,而转向以电子报刊为主的传播方式,电子报刊将大大颠覆传统报刊的出版模式与出版理念,将我们带入一个新的出版领域。

电子报也称数字报,是将信息以数字形式存储在光、磁等存储介质上,并可通过电脑等设备本地或远程读取使用的连续出版。电子报刊实现了报纸、期刊的采、编、发一体化,其转换处理工具软件可针对主流排版格式(如飞腾、华光、Adobe In-Design)的照排文件进行反解操作,转化生成为 flash、html、pdf 等格式的文件包,以满足用户对不同格式数字报纸的需求。配合发布系统,还可实现数字报纸的在线阅读以及离线阅读。

电子报刊应含有报名、刊号、出版单位或出版人、出版日期、版面数(4 版以上)及导读栏等报纸刊物所应包含的有关要素。在导读栏中(至少有两个以上的)均应设置栏目超链接。电子刊物应该有必要的刊物封面、封底、目录页、刊名、刊号、主办单位、主编和编委、出版日期等刊物所应包含的有关要素。版面设计美观大方,具有良好的视觉效果。

从现代大众对报刊的阅读习惯来看,快速阅读与浏览是报刊的主要阅读方式。因此传统报刊经常会通过大标题或者大图片来引导人们进行快速阅读,但传统出版物由于受版面大小与数量的限制,其包含的内容十分有限。而电子报刊则不同,电子报刊可以设置很多链接,方便读者了解很多补充内容,这一点是传统报刊无法做到的。另外,电子报刊所特有的互动功能、视觉感受等也是纸质报刊无法比拟的。

目前,电子报刊一般都会收取一定的费用,这和电子报刊从一开始就建立起收费模式有关。虽然我们不能保证这一模式能够迅速盈利,而且在一定程度上也阻碍了电子报刊本身的普及,但对于收费这一营利模式的形成还是有益的。

电子报刊的出现,似乎与目前的报刊电子版形成了竞争关系,有人甚至还会猜测电子报刊会取代传统报纸以及其电子版。但从我国的现实情况来看,电子报刊的实力还很微弱,不能构成什么实质性的威胁。

5.1.4　手机出版物

近几年,随着技术的成熟和通信的发展,手机作为一种电子阅读显示器,已逐渐成为人们获取各种信息的主要阅读终端。在地铁上、公交车上随时可以看见很多人用手机上网、读报、看小说,其发展势头已然超过了互联网等其他数字出版物。数据显示,2008年12月我国手机用户达到6.4亿,而同期互联网用户为2.98亿。庞大的用户群为手机出版物的发展提供了丰厚的土壤,手机出版物的春天就要来了。

虽然手机出版物的前景不错,但并没有形成有序的产业链和商业模式。新闻出版总署副署长孙寿山曾经指出:"目前在数字出版产业发展过程中,观念、产业链与商业模式、数字版权、数字内容监管、标准化、阅读方式等问题以及技术壁垒,是制约传统出版业向数字化产业转型的关键因素。"具体而言,手机出版物想要得到快速的发展,还需解决以下几个难题:第一,上网费用高。虽然中国移动等公司不断推出新的上网业务,但上网的费用并没有降多少,上网费用仍然是大众每月的一项重要支出。这一点无疑阻碍了数字出版物尤其是手机出版物的发展。第二,盈利效果难以显现。手机出版的盈利模式为收取阅读费和广告费等,但目前很少有读者愿意付费阅读,他们完全可以从别的途径了解想要知道的信息或者读物,这使得个人付费率持续走低,难以实现大规模盈利。第三,出版社积极性不高。由于盈利较少,众多传统出版社不愿意把精力浪费在手机出版上,他们宁愿继续走老路,对手机出版持观望态度或者只进行小规模的试探出版。第四,版权监管难。由于法律环境的滞后,手机出版领域的版权纠纷不断涌现。互联网是一块免费的大蛋糕,进入门槛也很低,这使得很多作品的版权归属不清晰,缺乏法律的有效保护,这在某种程度上制约了整个产业的快速发展。第五,手机上网速度慢。目前,我国内地网民平均拥有的国际干线带宽只有 2. 34 kbps,而香港的网民 2007 年就是 20 kbps,也就是说现在内地网民所占的带宽不及香港网民的 1/10。当你在用 4 Mbps宽带上网的时候,可能觉得速度已经够快了;但实际上中国网民的人均国际带宽却只有 2. 34 kbps。内地网民平均上网速度大概是 857 kbps,而韩国是 45 Mbps,也就是说我国的宽带化尽管发展非常快,但对每一个网民来说,带宽仍然是比较低的。这一点大大阻碍了我国手机出版物的发展。第六,格式、技术标准不统一。方正的 CEB、Adobe 的 PDF、知网的 CAJ 等,各自都有一套格式,标准不一致导致用户必须使用不同的阅读器软件,这就增加了用户阅读的成本,用户很可能因此放弃选择手机出版物。

5.1.5　数字版听书

阅读是传承文明、增加知识、提高民族素质的基本途径。听书是一种新的阅读方式,是在先进技术的基础上逐步发展起来的,能够满足人们对数字阅读的需求。所谓"听书"就是用来听的书,即有声读物。主要包括 CD 或者互联网上音频格式的文章和资料,可以用电脑、MP3、手机等载体播放。相比购买图书阅读、手机阅读等方式,听书是一种轻松且随意的新阅读方式,其最大优点是满足了用户快速获取信息的需求。上班族在上班途中可以通过随身携带的电子产品来"听书";家庭主妇可以边干家务活边"听书";另外,像盲人这样的特殊的人群也可以通过"听书"来了解知识,增长见识。

我国的有声读物还处于起步阶段,内容是否有吸引力将是决定"听书"是否能快速发展的关键。当然,语言是否通俗易懂且有美感也是评判有声读物好坏的标准之一。抓住了这两点就抓住了有声读物的命脉。目前,我国的有声读物所涉及的内容主要包括世界名著、流行文学、儿童文学、传统的报纸、杂志、相声评书等,门类可以说是比较齐全的。但是每类作品中的内容都比较陈旧,没有新意,大部分内容都是现有畅销读物的有声版,没有形成有声读物独有的体例和产业链。当然,任何事物的发展都有一个过程,没有哪个出版社会对某一新型事物进行盲目开发,"听书"也是如此。

正常情况下,年轻人比老年人对新型出版物更有兴趣。但从不同领域收集的用户反馈中我们发现,老年用户对听书的兴趣比青年用户要大得多,老年人视力下降、容易疲劳等特点是其钟情于听书的重要原因。而随着中国老龄人口的迅速增加以及数字阅读听书功能的日益完善,数字版听书将会越来越受老年朋友的青睐。当然,在生活节奏越来越快的今天,听书无疑能在最大程度上解放人们的眼睛,使人们在最舒适的条件下获得最多的信息量。大量的有声图书经过朗读者的再创造,融入了一定的情感色彩,"读者"听书能比看书获得更鲜明深刻的印象。所以,数字版听书在年轻用户中也是相当有市场的。

相比国内而言,美国的有声读物市场已较为成熟,年度营业额已经超过25亿美元,其发行增长速度甚至超过了普通图书。目前约有8 000万人利用上下班开车途中欣赏有声图书,虚构类小说是听书领域的主导内容。有超过68%的听书者表示会选择未删节版,17.4%选择删节版,14%选择的内容与书无关,例如研讨会、喜剧或者演讲,等等。而目前国内由于缺乏严格的市场资格审核和网络监管制度等原因,有声读物的发展还处于初步阶段。

5.2　网络出版物发行

最早的数字出版物基本上都是借助互联网进行传播的,也就是网络出版物。在网络出版物发展的初期,大部分内容都是现有纸质资源的网络版,编辑们把一些畅销书和长销书放到网上供人阅读浏览。但随着数字出版业的发展,网络出版物正在逐步形成一种独立的出版物形态。很多专业或业余写手把阵地转向了互联网,开始从事网络创作,众多传统出版社也把重心转向网络出版物。

5.2.1　发　布

如今市场上主要的终端阅读设备是计算机、电子阅读器和手机,这些是网络出版物发行的重要渠道。"得渠道者得天下",网络出版物也是如此。运用好上面三种发行渠道,就不愁没有销路。

计算机是网络出版物发行的首选设备,大部分用户会进行在线阅读或者直接把出版物下载至电脑上。这种方式的缺点是阅读设备不易携带,用户只能在固定的地点才能浏览到想要的内容。iPad、电子阅读器、手机的出现打破了这种僵局,人们能随时随地通过这些设备进行阅读。iPad作为计算机,解决了"不易携带"的问题,其中的iBooks更是专门为数字阅读而设置的阅读程序。目前,以Kindle为首的电子阅读器也是出版商发行的重要渠道。Kindle外形小巧,厚度不及1厘米;存储量大,可存1 500~3 000本书;采用了电子墨水显示屏,不易产生疲劳感;下载速度快,不到一分钟即可下载完毕;支持无线下载,在未来的竞争中具有优势。这些特点使很多都市上班族十分愿意购买一部 Kindle 来打发上下班途中的时间。这对网络出版商而言是极其有利的,进行网上阅读的人多了,网络出版物才能获得长久的发展。前两种阅读设备虽然专业性很强,但其高昂的价格使很多人望而却步。在这种情况下,很多出版商把眼光投向了基本上人人都有的手机。的确,利用手机来发行网络出版物是一个十分明智的选择,其巨大的用户群是网络出版物发展永远的支撑。由于手机屏幕较小,选择手机作为发行渠道的出版商应改变策略,尽量发布一些短小精悍的信息,让用户在最短的时间里了解到最多的内容。

当然,在网络出版物的发布中还应注意"全、新、快"三点。"全"就是出版物够多,能够满足众多消费者的个性化需求;"新",即网站上的书要是最近出版的;"快",即要求电子书网站能够在最短的时间内与出版商进行联系,并争取到图书的发行权。做不到上述三点,则无法做好发行。

5.2.2 接 收

随着时代的发展,受众接收网络出版物的方式也在不断地变化中,从最初的台式机、笔记本、上网本到现在的 iPad、电子阅览器、手机。每一次改变都是出版业一次新的尝试,也是用户一次新的体验。

目前,用户的接收工具主要有电脑、iPad、电子阅读器和手机。之所以让 iPad 独立于电脑之外,是因为它的便携性已经超出一般电脑太多,而由于其屏幕较小,用户通常也不把 iPad 作为电脑来使用。不过,iPad 属于高端产品,普通人一般不会选择它作为接收工具,所以除非其价格有所下降,否则他的用户只能瞄准收入较高的人群。从用户数量来看,手机最多;从专业性而言,电子阅览器专业性最强;从性价比而言,则电脑占优;从未来发展趋势而言,iPad 则走在了电子产品的尖端。所有这些接收设备起作用的前提都是上网在线阅读或者进行下载。

用户的接收是一种有选择的接收,他们希望读到针对性强、全面系统的内容。这决定了网络出版物必须注重内容的个性化。以 RSS 为代表的互联网出版物,就一直在以内容个性化订制的方式来满足读者的需求,虽然其产品目前还不是很成熟,但 RSS 已经找到了网络出版物的发展模式。所以说,致力于网络出版物的出版商们应转变其思维方式,发布适合出版物特色和读者习惯的内容。当然,做出版不光是卖内容,还要卖内容的解决方案,帮助读者在最短的时间里找到最想要的内容是极其重要的。所以无论是电脑、iPad、电子阅读器还是手机,首先都要注重提高自身的品质,物美价廉永远是用户不二的选择。

5.2.3 付 费

天下没有免费的午餐,网络出版物也是一样。虽然目前真正肯付费的用户并不多,但出版业是一种人力、财力高投入的行业,出版物的高成本决定了出版商必须要有一定的经济回报,所以收费阅读逐渐会成为一种趋势。

我们以数字报纸为例来看看目前网络出版物的付费状况。享誉全球的《纽约时报》于 2011 年 4 月 21 日宣布,《纽约时报》网络版自 3 月 28 日收费以来,付费读者已达 10 万,这一结果好于公司预期。3 月 28 日以来,读者可在《纽约时报》网站每月免费阅览 20 篇文章,如果超过限额,则会遇到付费墙。根据读者访问网站终端不同,报社推出 15 ~ 35 美元不等的包月套餐。《纽约时报》表示,绝大部分的读者根本不会遇到付费墙,因为他们每月可免费阅读 20 篇文章,而且如果从搜索引擎、社交网站和其他网站链接到纽约时报网站,他们就可以畅通无阻地阅读文章内容。我国首批付费报纸是温州日报报业集团的《温州日报》《温州都市报》《温州晚报》和《温州商报》。这四份数字报纸均有朗读功能,可以有效缓解用户视觉疲劳。此外该数字报纸还添加了视频、Flash 等多媒体功能,使之与传统报纸彻底区分开来。这些亮点都提高了数字报纸的用户量,形成了良好的盈利模式。从《纽约时报》的付费墙到温州日报报业集团旗下数字报纸的多媒体功能,我们可以看到虽然人们固有的网络免费的观念还没消除,但只要有高品质的内容和良好的运营模式,还是有一部分用户愿意花钱阅读数字报纸的。

目前中国市场上存在着一种现象,即发行商更多地是将注意力投放在各类电子阅读器的制作销售上。造成这一局面的原因是网络出版物的付费模式还没有形成,为了弥补亏损,只能采用硬件销售的方式。这种现象是网络出版物转型期的产物,随着内容质量的提高和技术的发展,网络出版物会向内容盈利模式发展,那时付费就成了一件很自然的事情。当然,改变受众观念和内容质量是个长期的过程,在这个过程中,需要业内做好内容建设、丰富书刊内容资源,既要做好普通书刊品种储备,作为免费阅读资源,又要及时做好热销书刊品种引进,并适当标价,对读者的付费阅读进行引导,使读者改变固有观念。只有这样,一个合理的盈利模式才能逐步建立起来。

5.3 电子阅读器发行

　　本节将会以中国电子阅读器市场竞争格局及优劣势分析,探讨电子阅读产品各自的特点,特色功能,对电子出版物的支持情况,包括支持的格式,发布平台,应用平台的建立和付费模式。而针对数字出版物的阅读器,除开电脑,手持移动设备很多情况下是支持数字出版物的,比如智能手机、MP5、电子阅读器 Kindle、平板电脑 iPad 等。从功能来定义,可以是单一功能只用于阅读数字出版物的,如汉王阅读器 Kindle;另外也有支持多媒体应用,具有无线网络通信功能的,具备浏览互联网、收发电子邮件、观看电子书、播放音频或视频等功能,如苹果手机 Iphone、平板电脑 iPad 等。

　　不过,现在情况发生了变化,在两三年之前美国市面上就出现了两种电子书(E-book)阅读器,SoftBook 和 Rocket Reader;E-book 已成燎原之势,诸多出版商、IT 厂商开始逐鹿 E-book;Amazon、巴诺书店都在其网上推出专门的 E-book 书店。

　　2000 年 3 月,美国恐怖小说家史蒂芬·金在网上成功发行 E-book《骑弹飞行》,使得大众开始了解这一全新的阅读方式。《骑弹飞行》是第一本只发行电子版(E-Book)、不发行印刷版本的书,由出版商 Simon & Schuster 出版,共66页,售价2.5 美元。这本小说发行的第一天,就被下载了 40 万份! 而传统印刷书新发行小说第一天的销售纪录是 75 000 本。史蒂芬这次成功的网上书籍发行被认为"是他个人的一小步,却是整个图书业的一大步"。①《纽约时报》称"电子出版市场即将掀起一场大革命。斯蒂芬·金网上出版发行的实验性和超前性的举动可能动摇传统出版业的根基!"

5.3.1 电子阅读器的市场格局解析

　　目前,电子书发行产业链利益如何分配成为众多发行商头疼的问题,而这恰恰也是行业内尚未解决的核心问题。

　　例如,中国移动在电子阅读业务上与内容提供商的分成比例是 6∶4,国内著名

---

　　① 林若.电子书:进入战国时代[J].商业故事,2010(2).

出版人路金波认为,这样的分成比例非常不合理。最终的结果是,一本电子书手机用户只需要花三块钱就能在手机上进行阅读,而电子书制作单位和作者只能拿到20%,即六毛钱。这对于出版商和作者都是一种伤害,打击了他们的积极性。与中国移动的分成模式相比,出版人更倾向于汉王科技的"二八模式",汉王拿二,内容商拿八。第一,电子阅读器制造商在尊重知识版权的基础上,在利润上进行了最大的让步;第二,数字出版物由版权方定价。这样整个行业才会进入良性循环,因为卖一本电纸书和纸书的所得是一样的。

但即便是汉王的"二八模式",依然让一些内容提供商心存顾虑。中信出版社新媒体事业部总经理黄锱坚表示:"很多出版社都在思考支付通道如何实现。因为电子的东西和实体不一样,比如我给渠道提供一万册书是很清楚的,但是我给电子通道一个电子版权,他卖多少其实我们是不清楚的,里面有很多复杂的定价和创新模式。"

"好书人家不愿意给,差书又没人看,电子书,目前看来,只见电子不见书。"这将是长期存在于电子阅读市场的一种现状。电子阅读器的市场现状与发展趋势我们可以从运营模式,以及厂商产品的优缺点进行逐一比较分析(表5.1)。

表5.1 中国电子阅读器市场竞争格局及优劣势分析

运营整合模式	代表厂商	优 势	劣 势
电子阅读器硬件厂商	汉王	1. 对硬件的掌控力度较强; 2. 软件研发能力较强,尤其在触控技术方面领先优势明显; 3. 行业领先优势及品牌影响力较强; 4. 融资渠道较为广泛; 5. 终端销售渠道多样化且较为成熟。	在产业链中影响力不足,将面临支付渠道、内容资源匮乏与内容整合能力不足等诸多困境。
	津科	1. 庞大的技术研发团队,核心技术研发能力较强; 2. 行业最早的开拓者,终端品种较为丰富。	1. 市场运营与推广能力不足; 2. 受困于内容资源的不足与匮乏; 3. 资金不足; 4. 电子阅读器终端的品牌影响力不足。

运营整合模式	代表厂商	优 势	劣 势
电子阅读器硬件厂商	方正	1. 从终端与内容双向入手构建"内容＋终端"模式较为清晰可鉴； 2. 拥有丰富的内容资源整合平台，目前，其旗下已经拥有番薯网、爱读爱看、数字图书馆等各类内容平台； 3. 与电信运营商的关系较为紧密，保证电子阅读器终端市场推广渠道。	终端价位较高，影响用户的主动购买。
	其他	华为、润为、艾利和、索尼、易万卷、欣悦博、易迪欧等。此外，如华硕、联想、同方、爱国者、纽曼、台电、OPPO 等传统 IT 厂商也相继推出电子阅读器终端。	
内容/服务提供商	上海世纪出版集团	推出辞海电子阅读器。	电子阅读器是传统出版社掌控内容传播渠道的路径之一，通过自有电子阅读器终端定制，传统出版社可以掌控内容平台的主动权。此外，还更容易将畅销的内容资源整合到数字出版平台进行售卖。
	中国出版集团	与方正合作，推出深度定制的电子阅读器。	
	盛大文学	推出"锦书"电子阅读器终端。 有助于弥补中国移动阅读市场内容资源不足的弊端，通过内容资源优势构建"中国版"亚马逊模式。 其优势主要体现在以下三点： 1. 丰富的内容资源提升电子阅读器终端的市场竞争力； 2. 拥有庞大且有序的用户资源，对用户需求的把握更为精准； 3. 互联网文学平台化运营经验是移动阅读的有益借鉴。	盛大文学通过资金运作成为首屈一指的互联网文学版权商与运营商，尽管并购是其快速发展的战略选择，但是在快速并购背后其面临着两大困境： 1. 从盛大文学内部分析，怎样整合已有 7 家文学网站，并将其与旗下的视频、影视、音乐资源相结合，是其需要解决的首要问题； 2. 快速并购内容资源将使得盛大文学与合作伙伴的关系变得脆弱，甚至会加速内容提供商建立行业联盟并与之对抗。

续表

运营整合模式	代表厂商	优　势	劣　势
电信运营商	中国移动	1. 先天优势：渠道、用户、合作伙伴及对产业链的掌控能力； 2. 对电子阅读器内容资源的整合能力较强； 3. 终端设备手机的普及率相当高。	1. 电子书定价偏低，将影响内容提供商参与产业发展的积极性； 2. 发展电子阅读器终端的商业模式不清晰，长远发展局势未定。
	此外，中国联通、中国电信也将相继进入移动阅读市场，同时开展电子阅读器定制计划。		

　　对此，表5.1详细列出了中国电子阅读器市场竞争格局及其优劣势分析。从表中我们可以分析出，行业内未形成有效规模，各个参与者在其中承担的风险和成本并不确定，注定会有一些企业需要承担先期行业不成熟时的风险和成本。我们认为，许多终端设备制造商在与内容提供商进行分成时，往往拿的都是大头，究其原因，无非是终端设备制造商在产品刚上市时需花费大量成本进行推广，若没有利益空间作支撑，市场稍一波动就会给制造商带来灭顶之灾。

　　目前，中国电子阅读器的盈利模式主要有三种：一是通过出售终端获得营收，这是现阶段的主要营收点；二是通过内容资源获得营收；三是为传统出版社提供数字出版的技术支撑获得利润。[①] 图5.1中，电子阅读器厂商的主要盈利来源于终端，终端平均售价较高，但是由于销量有限，少数厂商虽可以获得巨大的盈利，但是绝大部分厂商的销售规模尚未形成。

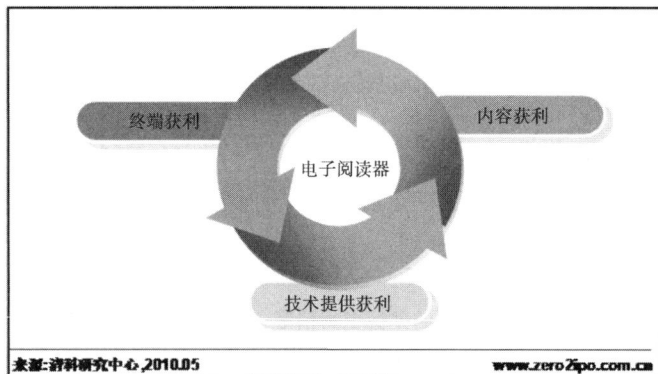

图 5.1　中国电子阅读器盈利模式

[①]　易观国际 Enfodesk 产业数据库. 中国电子阅读器市场专题报告 2010,2010,4.

5.3.2　电子阅读器的销售

一家发行 20 万份的都市报广告收入如能达到 1.5 亿元,加上发行收入,一年的总收入在 2 亿元左右。纸张、印刷、发行成本一般会占去总收入的 60% ~ 70%,加上人员、办公及其他成本支出,利润很薄。

如果广泛使用电子阅读器,将成本降低到 600 元/台,即使免费赠送 20 万台电子阅读器给订户,也只需要 1.2 亿元。一台阅读器寿命为 3 年,这意味着 3 年 4 亿余元的印刷、纸张、发行成本,仅用 1.2 亿元就能完成。

使用电子阅读器的电子报,其采编模式将发生革命性变革。不再受到印刷环节、发行环节制约的报纸,完全可以实现信息的半天更新、一小时更新,乃至实时更新。其信息的快捷性甚至将超越新闻网站;纸张过多带来的携带及传阅不便的问题也将不复存在;在实现了结合视频、音频的多媒体传送后,新型电子报纸的震撼力和感染力也应该和电视、广播有一比了。

电子阅读器平台上的"电子报",其"投递"可以通过 3G 技术传输。这一技术目前方兴未艾,硬件方面(包括中国自己的标准)都已不是问题,缺少的恰恰是内容,而报纸的数字化也将为电信运营商提供巨大商机(图 5.1)。

1) 电子阅读器的销售模式

中国电子阅读器作为一种数字内容的专业承载终端,为用户提供基于实时新闻、小说、杂志、漫画等内容,用户可以通过终端内置直接获取或者通过网络下载/在线阅读的形式获得可供阅读的内容资源。

作为电子阅读器硬件厂商,从终端角度来看,一方面为用户提供类纸的阅读体验,并保证满足用户长时间阅读的需求;另一方面终端应用一体化,电子阅读器将通过自身技术的改善,成为多应用的承载终端。未来,除上网功能外,还将集合手机游戏、手机动漫、手机视频等多种应用,满足用户对应用多样化的需求。

从运营模式的角度分析,一方面电子阅读器终端厂商为用户提供深度阅读的终端;另一方面,电子阅读器终端厂商前向整合内容资源,提出"终端 + 内容"的发展模式。这种战略的转变与发展,将促进虚拟内容提供商的产生,同时也为移动出版产业链的开放与构建奠定良好的基础。

2) 电子阅读器渠道战略

在数字出版领域,阅读必须依靠一定的载体,只有扩大终端设备的市场占有率,才能更好地销售内容。亚马逊为扩大旗下电子书的销售,采取了一系列措施来提高 Kindle 的市场占有率,如大幅降价、发行国际版和 Kindle DX 占领国际市场和教育市场、开发多种免费 Kindle 应用程序以供不同载体使用等。

我们从中可以进一步总结出亚马逊在数字出版渠道建设方面的"三步走"战略:

第一步:扩大 Kindle 的覆盖面。无论是降价、推出国际版本,还是涉足教育领域,亚马逊的目的只有一个,即为 Kindle 开辟更大的市场,让不同地区、不同领域的人都拥有 Kindle,以保持其在电子阅读器市场的领先优势,应对随时会到来的激烈竞争。

第二步:培养用户对 Kindle 或其应用程序的使用习惯。通过 Kindle 阅读器以及免费 Kindle 应用程序的普及,会有越来越多的人习惯于通过这种载体进行阅读,进而也会选择通过亚马逊网站下载电子书到自己的终端上。

第三步:逐渐对电子书阅读渠道形成垄断。在第一、二步的共同作用下,可以预见,为适应 Kindle 及相关应用程序所支持的电子书格式,用户只能购买亚马逊网站下的电子书。亚马逊希望通过这种战略使 Kindle 逐渐垄断电子阅读的终端市场。[①]

目前中国市场上存在这样一种现象,即电子书发行商更多的是将注意力投放在各类电子阅读器的制作销售上,他们针对不同客户人群,对硬件的要求不断升级、求新求变。

究其原因,无非是由于目前提供的电子书产品未能充分满足消费者的数字阅读需求,导致付费模式难以形成,最终只能采用硬件的销售弥补盈利差额;反之,当电子书产品的功能充分满足大众的阅读需求后,自然会向内容盈利模式发展。

当然,提高国民素质和阅读质量是个长期的过程。在这个过程中,需要业内做好网站内容建设、丰富网站图书内容资源,既要做好普通图书品种储备,作为免费阅读资源,又要及时做好热销图书品种引进,并适当标价,对读者的收费阅读进行引导。

电子书发行市场若想步入正轨,必须将整个产业的发展落脚在内容盈利模式上。毕竟,消费者购买阅读器的目的并非得到一个实体电子产品,而是其中所承载的电子图书本身。

3)亚马逊 Kindle 的内容战略

一直以来,内容为王的理念都主导着出版业的发展,但在数字出版领域,还需

---

① 杨汶锦.Kindle 阅读器发展模式[J].新闻前哨,2010(9).

进一步考虑渠道问题,如:运用什么载体、怎样下载图书,等等。Kindle 的发展策略就向我们展示了新技术终端的魅力。渠道与内容并重,以渠道占据市场,以内容稳定用户,是 Kindle 取得成功的重要原因。

"内容为王"一直是媒介行业奉行的不二法则。虽然近年来这一理念在不断发展与变化,但就数字出版领域而言,阅读作为人们精神生活的组成部分,丰富的内容资源才是核心竞争力。在亚马逊的发展模式中,内容战略有着更为重要的地位。

(1)依托 Amazon.com 网站提供丰富的内容。正如苹果公司依靠 iTunes 模式赚得盆满钵满,亚马逊在电子书方面同样也有自己的经营模式——"Kindle + Amazon.com"模式——凭借亚马逊网站的强大支持进行电子书的销售。亚马逊网站拥有 54 万册图书,内容涉及艺术、科学、文学、生活等多个方面,畅销书资源尤为丰富。另外,亚马逊 Kindle 商店中还有最新的报纸、杂志和博客等内容。丰富的内容为读者提供了广阔的选择空间。

(2)由技术商向内容制造商的转型。在数字出版领域,数字出版产业链由数字内容提供商、数字内容出版商、数字技术提供商、网络服务提供商和终端读者等主体构成。就现阶段而言,亚马逊在数字出版领域主要通过销售 Kindle、提供电子书下载获得利润。出版商仍然是这一环节中的内容提供商,亚马逊需要向图书作者和出版商支付 Kindle 图书价格的 70%。因此,亚马逊在这方面仅处于技术商的范畴内,但不难看出,亚马逊也在逐渐地向内容制造商进军。

目前,亚马逊正致力于直接与作者进行交易,如直接将电子版权卖给亚马逊的作者可以得到 70% 的版税。这些作者往往在亚马逊网站上有较高的好评度,如恐怖悬疑小说大师史蒂芬·金等。随着与作者的合作越来越多,亚马逊可能将出版商的地位逐渐边缘化,甚至绕开传统出版的发行商,实现自身利润的最大化。由此可见,建立一个面向多种载体的数字出版内容平台,才是亚马逊在数字出版领域的真正目标。而完成这一目标的第一步,就是建立一条完善而通达的渠道。每一台 Kindle 的背后都蕴藏着无穷的电子书。亚马逊以渠道战略迅速打开市场,通过 Kindle 及相关应用程序抢占大量消费者,并以丰富的内容支持,在迅速发展的数字出版市场占尽优势。①

5.3.3 付费模式探究

不管是硬件制造商还是内容提供商,最为关心的还是盈利模式。目前,数字出

---

① 杨汶锦. Kindle 阅读器发展模式[J]. 新闻前哨,2010(9).

版产业中比较成熟的商业模式主要有数据库出版模式、移动出版模式、教育出版数字化模式和网络原创文学出版模式等。其中,电子阅读器是移动出版的代表,与传统出版的发展息息相关。经过多年探索,电子阅读器产业形成绑定模式,这一模式值得我们进行探究:

1)绑定模式

(1)绑定模式的模型及特征

绑定模式是指阅读器制造商在售卖电子阅读器的同时,通过一定比例的盈利分成来聚合内容提供商,打造支持自身阅读器格式的电子书库,并以自主定价方式在线出售给阅读器用户。在绑定模式中,阅读器制造商除了拥有阅读终端外,还汇集了海量的电子图书"软"资源,基本构造了一个独立完整的产业链。阅读器制造商在产业链中担当整合内容与硬件的责任,集协同整合之力静待市场成熟而坐收渔翁之利。绑定模式模型如图5.2所示。

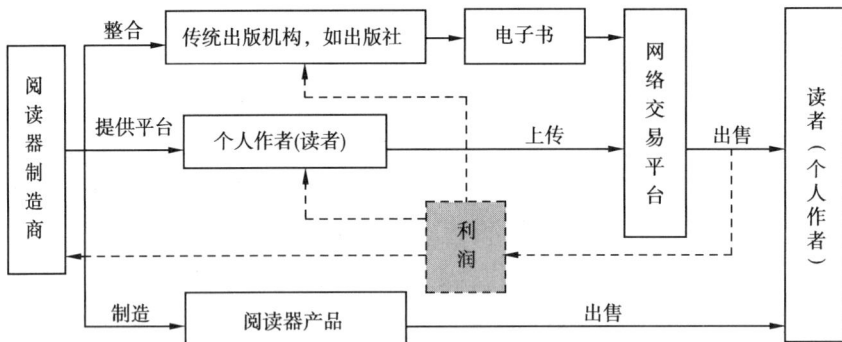

图5.2 绑定模式模型图

图5.2表示的是以亚马逊为代表的绑定模式。其中传统出版机构和个人作者提供内容,完成海量电子书库构建。阅读器制造商制造阅读器,与软件提供商、内容提供商合作将阅读软件嵌入阅读器中,并将数字内容转化为阅读器支持的格式,最后在自己经营的网络交易平台上定价出售。这样就以阅读器为中心完成了对内容提供商和读者的绑定。通过分析亚马逊的运作,可以发现绑定模式具有以下特点。

(2)内容资源丰富

亚马逊公司生产的电子阅读器Kindle功能极为强大,使用也非常便利。其最大优势在于依靠亚马逊丰富的图书资源,不会出现其他电子书平台上缺少内容的尴尬局面。目前在亚马逊网络书店在线销售的Kindle电子书已经超过30万种,这个数字还在不断攀升。此外还包括《纽约时报》《华尔街日报》《福布斯》等报刊。

每周登陆北美销售排行榜前十位的图书,至少有 9 本发行适合 Kindle 阅读器的电子版本。除此之外,不少作家与个人用户也开始将自己的作品通过 Kindle 阅读器传送到网络书店,并自主定价销售。此外,名人博客也是在线销售内容的一部分,用户可以以 0.99 美元/月的价格订阅超过 300 个著名博客。

(3)亚马逊多重角色合一

一条完整的电子阅读器产业链包括内容创建、内容管理和发布、软件集成、阅读终端制造等多个环节。在绑定模式中,亚马逊公司"一人分饰多角"。它不仅负责电子阅读器 Kindle 的制造、推广和销售,同时负责平台的打造和在线交易的进行。亚马逊通过电子商务交易获得利润,再与内容提供者即出版社和作者按一定比例分摊利润。在这个模式中,阅读器是绝对的主角,所有一切都为它服务。

(4)用户双向付费

绑定模式中,用户必须承担一笔不小的开销,获取内容资源时会再次付费。作为资源整合牵头人的亚马逊,不仅可以通过电子书内容的销售获得盈利,还能靠售卖阅读器大赚一笔。

与 Kindle 网店同时上线的还有一个数字文本平台(Digital Text Platform,简称 DTP)。这是一个自助出版工具。用户如果想在该平台发表作品,只需要注册账户登录,在"我的书架"页面上添加图书相关信息,上传并预览文本,标上价格点击"发布"按钮,24 小时之后就可以看到作品"上架"了。亚马逊还给作者 35% 的版税分成。如果有人购买且销量可观,甚至会吸引传统出版社来约稿进行纸质图书出版。

除此之外,通过 Kindle 的无线连接功能,用户不需要电脑就可以直接浏览 Kindle 书店、检索图书、阅读读者评论以及发布新评论。这就意味着用户可以和作者作更好的沟通和交流,而这些交流有时候甚至能左右作者的构思。总之,亚马逊凭借 Kindle 为怀揣作家梦的用户打造了一个自由发挥的空间。

2)绑定模式利弊分析

亚马逊的绑定模式为许多移动阅读器厂商提供了参考范本,也获得了部分业界人士的认可。相比之下它具有诸多优势。

(1)成熟的商业模式

以 Kindle 为纽带和枢轴,亚马逊构建了完整的电子书直销体系。这种商业模式令人想起音乐市场的"iPod + iTunes"模式。苹果以 iTunes 为桥梁,使 iTunes 在线音乐商店与 iPod 音乐播放器形成了互相支持的商业模式。iPod 自 2001 年问世,至今累计销量已经超过 1 亿台,全球市场占有率高达 75%;与其搭配的 iTunes 商店也同步售出超过 60 亿首歌曲。由此可见,亚马逊以自有品牌为基础,模仿苹果模式形成了数字出版界从硬件、软件到内容服务的整条消费链条。

(2)极致的服务体验

亚马逊图书资源非常丰厚。在 Kindle 背后有近 30 万种图书、30 多种主流报纸及 20 多种畅销杂志作支撑。此外,由亚马逊埋单的无线网络使得用户可以绕过计算机,随时与网络书店保持互动。为了提高服务质量,销售的每本书的第一个章节都提供免费试读。在阅读时能随时添加批注和上网搜索相关内容。亚马逊还是一个允许用户自行上传原创作品的平台,任何用户都可以过把"作家瘾"。

(3)完善的版权保护

Kindle 的成功很大一部分原因在于亚马逊庞大的电子书库,而这一模式的核心在于对版权的有效保护。就受版权保护的书籍而言,每本进入亚马逊在线书店的电子书都必须转化为支持 Kindle 阅读器的 Azw 格式,Kindle 只能显示亚马逊网络书店贩售的电子书,而这些电子书也只能在 Kindle 上阅读。用户购买了一本电子书之后,只能在同一款 Kindle 阅读器上阅读,甚至不能转借或者转售。

尽管绑定模式被认为是一种成熟的商业运作模式,但不少专家呼吁"警惕亚马逊",主要是因为该模式还存在一些缺陷或有可能导致一些用户和业界不愿意面对的不良后果。

(4)容易形成垄断

亚马逊的吐货能力使之成为图书出版商最大的交易市场,借助强大的渠道开辟新的收入来源也是件颇有吸引力的事情。因此出版商心甘情愿将自己的书拱手交给亚马逊也就不足为奇了。目前全球的电子书市场都不大,美国的电子书销量也只占所有书籍不到 2% 的销售量。然而,几乎所有畅销书和主流报刊都有 Azw 格式的电子版本。这样有可能导致一个结果,就是亚马逊将统治整个电子书市场,成为操纵价格、销售以及与电子书有关的一切事情的主宰者。

亚马逊的垄断野心不仅针对出版商,还针对用户。Kindle 阅读器只支持从亚马逊在线书店下载的电子书,这意味着如果用户选择了 Kindle,就将自己捆在亚马逊上。Kindle 与亚马逊的连接使得用户完全被掌控在亚马逊手里。2009 年 7 月,亚马逊未经用户允许强行从用户的 Kindle 设备中删除了两本书,此举激怒了读者,也引发了大规模的争议。亚马逊解释说删除图书是因为这些书引发了版权纠纷。但无论商品是否涉及非法售卖,现实中的零售商绝不会闯进顾客家中强行收回顾客已经购买的商品,而亚马逊却对已发售的 Kindle 电子书享有这种特权。

(5)模式不易复制变通

尽管亚马逊这种绑定模式得到业界诸多人士的肯定,但任何一家企业想要复制这种模式却并不容易。绑定模式对于担当整合角色的厂商要求非常高。现在还很难找到另一家可以在内容聚合能力、资源管理、发布和推送能力、技术研发能力上样样拔尖的企业,除了亚马逊。此外,内容通道是否顺畅、3G运营环境的差异等因素都会对绑定模式形成制约。

其他厂家不易照搬亚马逊模式,亚马逊本身想在海外打开市场也不容易。例如,若亚马逊要打开中国市场,首先面临的就是各种严格的图书报刊、电子出版物和互联网出版物出版、批发和零售的法律限制。除非和国内企业合作,否则亚马逊无法涉足外资的禁区领域,更无法经营电子书销售业务。除此之外亚马逊还要面临中国电子书盗版猖獗的问题。即便硬件和品牌侵权尚可以通过专利商标保护进行某种程度的制止,但电子书盗版问题肯定会让亚马逊头痛不已。

3)探寻合理利益分配模式

对于中国市场而言,因具体国情和出版传统所形成的电子书版权问题,使得电子书发行的发展前景更加扑朔迷离、难以把握。当付费习惯和大量盗版存在等障碍使得直接出售电子书模式变得十分脆弱时,"免费"就成为商家不得不面临的结果。

谈到免费,需要先了解一下著名经济类畅销书《长尾理论》的作者克里斯·安德森(Chris Anderson),在他的新著《免费:商业的未来》中提到的理论:免费成就商业的未来。他认为免费的含义不是字面上看起来那么简单,林林总总的免费归根结底都表现为同一实质——让钱在不同的产品之间转移,这种转移被称为"交叉补贴"。

补贴模式尤其适用于数字出版环境下以阅读器生产商为主导的移动出版产业。简言之,电子阅读器产业的补贴模式,即在销售阅读器的同时免费赠送一定数量的电子书来促进销售,商家再将售卖阅读器的利润用于补贴购买电子书的差价。当人们不愿意为电子书付费时,"购买阅读器免费赠送电子书"就成为商家最好的选择。补贴模式模型如图5.3所示。

补贴模式主要出现在我国。当前我国电子阅读器产业链中存在一个尖锐矛盾:因为阅读器的销量不高,没有较大的利润空间,出版社不肯轻易冒被侵权的风险与技术商合作;反之,缺乏内容支撑的阅读器销售又难以为继。无奈之下,许多阅读器厂商不得不考虑自己搭台唱戏,建立电子书城,对用户免费开放。补贴模式在技术方面还有一个特点,即阅读器的功能是否强大以及各种格式的电子书是否能够尽揽其中成为厂家考虑的重点,因为这会直接影响阅读器的销售。由于厂家完全依靠阅读器盈利,对电子书的格式设置往往是开放性的,通常支持常见的 txd、

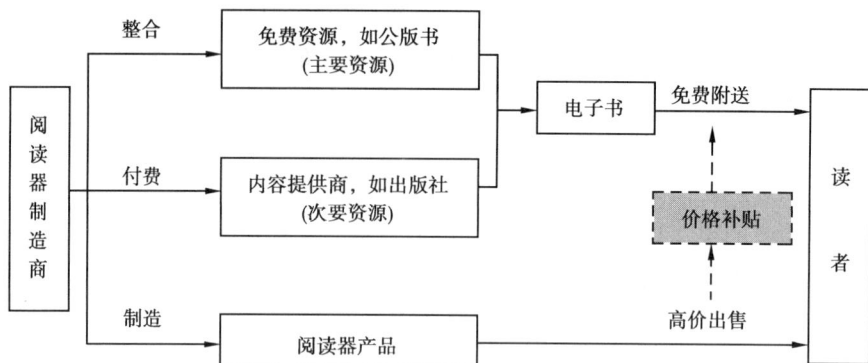

图5.3 补贴模式

pdf 等多种格式。

在国内,汉王集团是采用补贴模式的电子阅读器厂家代表。它推出的"汉王电子书"上市仅5个月就售出5万多本,带动2009年公司业绩增长100%以上。但作为终端厂商的汉王集团在产业链中有个致命的能力缺陷,即它不掌握内容资源,必须为获取热门畅销书的版权花费巨大代价。知名出版社和网络文学网站不在意这一点蝇头小利,这又增加了获取内容资源的困难。寻求资源无果的情况下,汉王电子书只能以经典读物,特别是那些版权保护到期、不需交付版权费的名著为主。阅读器预装的500本免费书就多为四大名著等公版书。登录汉王的网上书城可以发现里面的内容不够新、不够全,能下载的书少之又少。

4)补贴模式利弊分析

(1)快速聚拢人气

将电子书作为买一送一的赠品确实能在短时间内吸引不少人气,迅速为销售打开市场。搭赠电子书似乎为用户解决了"无书可读"的后顾之忧。加之现代商业环境下,太多促销活动培养了人们对于"免费"的敏感度,但凡涉及"免费"二字的商品总是格外受到消费者的青睐和追捧。

(2)不利于持久发展

虽然补贴模式在一定时期内对产品的宣传和销售起到促进作用,但从企业发展角度来说,补贴模式并不利于企业的持续发展。长期实行补贴模式只会走向两种极端。

第一种极端,即阅读器用户不满现有的书库,认为内容资源过于贫乏和老化,无法与最新的文化接轨。在用户的施压下,阅读器制造商只有不断更新书库内容,不仅上传公版书,还与出版社合作,花重金购买畅销书及尚在版权保护期内的图书版权。长此以往,购买内容的开销会对阅读器制造商形成不小的压力。避免这种困境的途径只有两种:一种是在赠送图书达一定限度后开始对图书内容征收费用,这种举措很可能遭到用户的抵制和反感。还有一个办法就是抬高阅读器价格,但是随着阅读器技术越来越透明化,价格只会顺势走低,抬高价格的做法更行不通。

还有一种极端是阅读器制造商忽略电子书库的建设,全力关注阅读器本身的技术和研发,让阅读器在功能上抢先一步占领市场。但这种做法会带来很大风险。当电子阅读器产业形成规模,同行业竞争者会越来越多。如果在行业竞争中销售状况不佳,电子阅读器制造商便失去了唯一的盈利点。制造商需要面临的另外一个压力来自国内的山寨企业。目前某些大牌电子产品如 iPhone、iPad、PSP、Gphone等,在国内已经"衍生"了多款山寨版。由于山寨机省去了外观设计、技术研发等成本,价格更为低廉。到那时,面对功能相近但价位相差甚远的山寨机和正版机,不注重品牌的用户很可能走向山寨机。单靠出售阅读器盈利的正规机厂家前景不容乐观。

由此可见,单靠一己之力整合图书资源和阅读器技术,对于大多数技术提供商来说并不可行。在这种情况下,许多厂商走向了"合作"。①

5.4　手机出版物发行

把手机出版物的发行单列出来进行讨论的目的在于,目前我国电子书阅读市场中,以几种较为成熟的发行模式来说,手机媒体平台提供的电子书阅读相较于美国亚马逊的 Kindle,更容易被国内读者所接受,他的阅读支付方式更为便宜、快捷,使用人群更为广泛。中国移动手机阅读基地总经理戴和忠表示,目前,中国电子阅读器的盈利模式主要有三种:一是通过出售终端获得营收,这是现阶段的主要营收点;二是通过内容资源获得营收;三是为传统出版社提供数字出版的技术支撑获得利润。

2009 年年初新闻出版总署科技与数字出版司正式立项制定《手机出版标准体系表》,至今手机出版物已使用数月,手机阅读的用户从 2010 年 5 月的 300 万发展

---

① 贺子岳,平悦.电子阅读器产业运作模式分析[J].出版科学,2010(4).

到9月份的6 000万,市场占有额从5 000万飙升至10个亿,发展态势令社会各界各行业侧目。与传统媒体相比,手机出版的优势体现在以下几个方面:

从传播的交互性来看,传统出版的传播方式基本是单向性的,与读者的互动只能通过问卷调查或访谈获得,出版商很难直接得到读者的反馈意见。而手机出版的传播方式则是交互的,手机出版商可以对用户的浏览内容、浏览次数、购买区域、访问时间等进行全方位的即时了解,以掌握营销情况,制定营销策略。

从传播范围来看,传统出版受纸张等载体的限制,其信息承载量有限,且不能任意传播;而手机出版则不受篇幅限制,内容可以很方便地扩展、修改,因此信息承载量不受限制。同时,其自由性大,与手机的传输网络同步,因此不受时间、地点限制。

从传播属性来看,传统出版没有手机出版的分众性强,传统出版只是对读者群进行简单分化,如儿童图书、女性图书等;而手机出版则因为手机媒介的特点,手机运营商更加注重受众的分众性,不同的手机面向不同的手机消费者,使得手机出版可以针对这些受众群对用户进行更细致的划分。

从出版成本来看,传统出版的纸张、印刷、运输和营销成本都很高。手机出版物的发行是将数字出版物通过手机载体传递给手机用户,使得手机出版的运营模式具有零纸张、零印刷、零运输成本的特点,极大地降低了出版成本。

从出版周期来看,传统出版由于其生产过程和流通过程比较复杂,花费的时间较长,有可能错过营销的最佳时间,从而降低读者的购买率。而手机出版由于手机信息发送的瞬时性使信息转瞬即到,同时手机出版省略了传统出版中的印刷与运输环节,发行周期短,同时因为其精准的营销定位而增加读者的购买率。

另外,从媒介接近权看,门槛低;从付费模式看,简单方便,受众易于接受;从版权方面看,属硬件加密,非软件加密,不易产生版权纠纷。

5.4.1 手机出版物的发行

手机出版物包含手机电子书、手机报、手机杂志等。我们以手机杂志为例,对手机出版物的出版发行作进一步的分析。

1)手机杂志的特点

(1)手机杂志与网络杂志的比较

手机媒体上的数字杂志有别于网络化电子杂志。电子杂志是因特网向读者提供电子报刊或电子杂志等网络化的超文本,指的是电子出版物采用超文本技术,这种技术提供了信息网络的链接访问服务,针对性强,数据发散很快,可以对内容进行深度挖掘,使读者能在图、文、声、像等多媒体信息中自由链接和"航行"。反观手机媒介,要想在手机媒介下运行移动传输中的高清晰影像已经是一件很不容易的事情,更何况是流媒体文件的内容在接收环节的各种限制,到目前为止,普通用户还是很难接受运营商提供的3G服务。Forrester研究公司的调查结果表明,美国只有44%的手机用户使用过像视频、互联网这样的数据服务,这其中大多数人手中的手机更多的时候只是个通信工具,88%的手机用户只用手机收发过短信[①]。由此比较后可以发现国外商业运作3G较早的美国,3G服务也只是部分用户的一种选择,绝大多数用户还是停留在CDMA时代的应用。

为什么会出现这种现象呢?尽管现在已经进入了3G时代,移动运营商更新了设备,使得手机传输带宽增大,传输速度加快,但是关键在于用户们使用的手机载体的硬件更新速度远远没有赶上传送设备的更新速度,也就是说,网络传输这条马路是扩宽了,设计的标准还是高速公路,但是链接道路的中转站,还是原来的规模,它们容不下这么庞大的信息数据流,正如现在的手机品牌苹果iPhone4,手机处理器是苹果A4 1 GHz,容量是16 GB。对比苹果笔记本电脑苹果MacBook Air,处理器是双核1.4 GHz,容量64 GB。虽然两种产品的属性不同,效用不同,产品性能没有可比性。但是如果用户根据自身需求先选择了文本内容,然后再考虑播发文本内容的平台,两个平台播发同一文件产生的效果是不同的。这就是我们内容提供商、数字出版制作者需要考虑的。这就说明了,多媒体电子杂志和手机媒体数字杂志的内容出版制作的最终形式和内容是不同的。

(2)手机杂志与手机报的比较

根据图5.4,手机杂志以细分群体阅读需求为定位,其内容具备独家、深度等特点,受传统媒体制约性较小。其用户增长逐年递增,手机杂志的发展趋势和手机报初始时的并列发展,到近两年使用手机杂志的用户赶超手机报用户,市场需求量稳步提升,形成了一个新的受众人群。

而以大众读者需求为定位的手机报,较易受传统媒体的制约和替代。内容的及时性和地域性特征明显。手机杂志相对手机报内容更加丰富,展现形式更为突出,阅读环境更为单一。

2)手机杂志的内容呈现形式

手机媒体数字杂志呈现给用户的必定是最单纯的文本形式,而且大多数是用

---

① 匡文波,李一.日美手机媒体发展的差异分析及其借鉴[J].新闻与写作,2010(1).

2006—2011年手机报与手机杂志用户增长对比

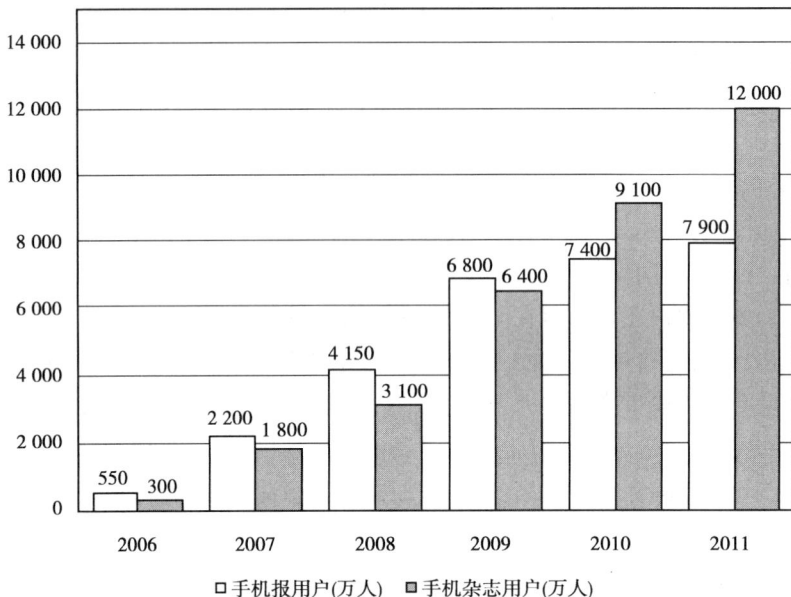

图5.4　手机报与手机杂志用户增长对比

户直接需要的信息内容。针对用户的选择,满足用户的需求,是手机数字出版最优先考虑的。有别于电子杂志所追求绚丽视觉效果,震撼音效来吸引用户的方法,手机媒体的数字杂志就是用最原始的内容,吸引最需要它的读者。所以,必须有一套适合数字杂志的出版运作机制,来维系数字杂志与用户之间的关系。

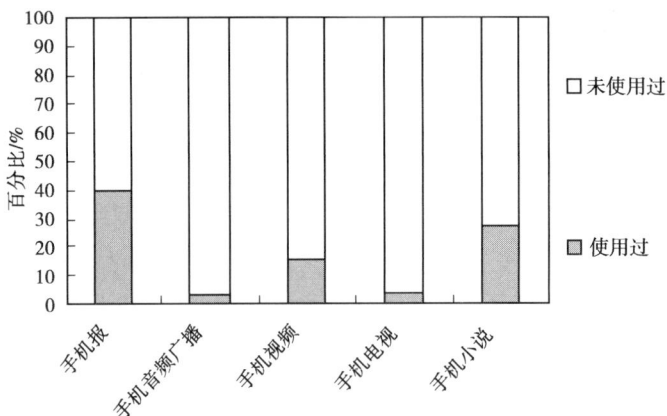

图5.5　手机应用使用比率

中国互联网络信息中心(CNNIC)《中国手机媒体研究报告》图5.5中显示,我国手机媒体的应用水平参差不齐,其原因除了各种媒体应用形式的推出时间不同外,网民使用手机媒体水平和习惯也千差万别。手机报、手机小说等业务已经很好地普及,分别达到了 39.6% 和 27.7%,但手机视频则发展较为缓慢,使用率仅为15.7%。影响用户使用手机音频广播业务的因素中,有 19.1% 的用户"担心费用过高"。而与手机视频、手机音频和手机报相比,手机小说大多是采用免费 WAP 网站提供的服务,因此费用相对较低,有 23.6% 的用户认为手机小说费用低廉。从数据中可以反映出,手机电视与手机视频内容以多媒体形式出现的使用率还是远低于单纯的文字文本的手机小说类,这样我们也可以很清晰地定位手机杂志的内容形式,以纯文字文本为基础,配送少量图片的形式进行推送。

3)手机杂志的媒体特性

(1)内容生产特征——量身定做消费需求

①创意策划:首要任务是定位受众群体。现在的受众市场已经越来越"碎片化",而从理论上看,手机媒体是最能够满足这种"碎片"趋势的个性化媒体。数字杂志策划内容应该以细分化、个性化的信息服务满足受众的多元需求。根据图5.6以农民工受众群体为例,他们属于体力工作者,该人群的上网需求简单,聊天、棋牌游戏、浏览新闻是主要的应用,时间很零散,现在手机上网完全取代了原来的网吧上网的行为。

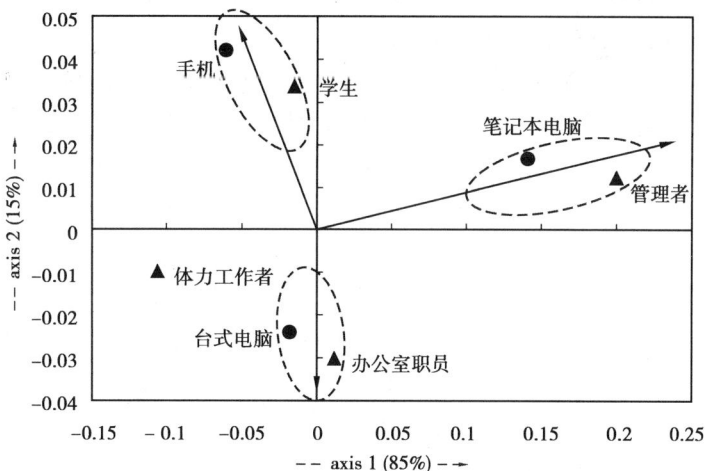

图 5.6 受众群体数字产品使用时间分配情况

那么数字杂志针对这一受众群体的特点,在栏目策划时就不能局限于章节体例规范化设置,手机屏幕的局限,是不支持快速全局浏览内容的;手机软件功能的局限性,又使得数字杂志的目录快速超链接功能失效。在这样一种情况下,内容的呈现方式必然是从头到尾、从始至终的一个过程。这样对于数字杂志的策划提出了一个要求,内容的设置一定要是针对农民工的阅读习惯和兴趣为先导,再做出符合受众阅读习惯的栏目编排。

②编辑整合:根据阅读者以快餐式、跳跃式、碎片化为特征的浅阅读方式,手机杂志在内容编辑上,必须符合当下快餐文化,迅速享用,迅速愉悦,然后迅速抛弃的特点,这样才能迎合手机读者的口味。手机屏幕和计算机屏幕的显示方式不一样也决定了对信息编辑的不同要求。手机屏幕最多支持 150 个字呈现,然后通过按键进行翻页浏览。这就给编辑提出了针对性的要求,一定要重视语言风格的追求,要有自己的特点,才能脱颖而出。由于手机界面的限制,语言应该是以简短凝练为准绳,要让读者有阅读的轻松感。对于阅读界面也要精心设计,让读者有新鲜感。

无论新技术如何变化,新媒体如何发展,优质的内容资源始终是手机杂志竞争的制高点。数字出版要求内容资源相对集中和比较丰富。所以,优质内容资源的丰富性是数字杂志出版追求的目标。

(2)发行方式特征——直接投递读者

手机本身就是一条高效低廉的发行渠道①。信息很多时候并不是对受众产生作用,而是通过意见领袖的再扩散发生威力。手机杂志在用户之间的无限转发,使得既可以作为信息接收终端,又可以作为信息发布终端,二级传播的效果有了便捷的扩散渠道。新媒体的特点就是开放、分享,根据六度空间理论,手机媒体的信息扩散可以跨不同的小圈子蔓延形成共振效应。

具备多媒体功能的手机杂志在丰富用户体验的同时,有效增强了现有用户的使用黏性;6.4 亿的手机用户及彩信渗透率的持续提升为手机杂志提供了广泛的潜在用户资源。借助运营商资源的有效推广,2010 年手机杂志用户已突破9 000万;传统媒体优质的内容源将为满足用户对手机杂志的细分阅读需求提供保障。

(3)盈利模式特征——多种方式结合

手机杂志面对的是典型的"长尾市场",此类市场虽然个人用户单位贡献不高,但其用户基数可观。该产品对运营商的贡献不仅着眼于其在增值业务收入上的规模贡献,更体现在以后向收费为主的巨大无线广告市场。2009 年中国手机杂志广告投放已突破 5 亿,仅次于 WAP 广告②。

手机杂志作为一种媒体运营形态,在内容生产、产品推广、媒体包装及广告销售(效果监测)等领域内都不同于运营商以往的前向收费模式,需要专业的运营销

---

① 周仁惠.3G 时代的手机媒体与未来的期刊出版[J].编辑学报,2008(3).
② 艾瑞咨询集团.2009 中国手机媒体价值研究报告:P9,P10.

售分析团队。

5.4.2　手机出版物接收与支付方式

手机出版作为新兴的出版模式,大部分传统出版社涉入未深,且短期内不具备这方面的技术转化能力。为此,一些较具实力的电信运营商和终端硬件厂商一方面通过为传统出版社提供技术支持获得盈利;另一方面,构建自有的内容售卖平台,为传统出版社提供数字出版的内容传播途径,并以此获得盈利。目前,主要有以下两种形式:

开放平台形式,类似于垂直的 App Store 模式,各种厂商可以自建商店,自主运营、平台提供商获得一定的建店收入;

半开放的平台形式,出版社、电子图书发行商提供数字版权内容,统一上传至电信运营商大兴数据库,由电信运营商统一制作成支持手机下载阅读的文档格式,统一计费销售。属于合作运营,双方按照既定比例,将收入进行分成。

用户通过手机进入指定 WAP 站点,挑选中意的读书为内容付费,电信运营商从中获得收益。以中国移动手机阅读为例,电子书的前五章为用户提供免费的体验阅读,从点击第六章开始计费。另外,中国移动还为用户提供了其他几种付费模式,主要有以下几种:

(1)按作家单本书单次付费,每本平均 1~10 元;

(2)按作家单本书单章节单次付费,连载图书平均每章 0.04~0.12 元;

(3)手机书包(每月 3 元包和每月 5 元包),中国移动手机阅读平台全部电子书八折。

此外,中国联通运营推出的手机阅读业务收费模式主要为用户提供两种选择:一是以单本图书为单位购买,每本书 2 元或 3 元;二是每月 5 元的"有味书包",每月可以在 500 本图书中挑选 8 本。

中国电信:用户可按照单本、章节或频道进行包月,最低为 3 元/月,最高为 20 元/月。用户在正式订阅前可先试用,再收费。

1)联姻模式

以上给予我们的启示是:"软"内容+"硬"设备的联盟与合作,或许才是电子书市场成熟乃至腾飞的硬道理。联姻模式也是当前全球移动出版产业最为流行的一种运作模式。何谓联姻模式?

(1)联姻模式的模型及特征

在企业没有能力涉足更多领域的时候,与另一领域的某个企业联姻便成为打开市场最便捷有效的方式。当前移动出版产业界联姻的事例比比皆是,但不管这些企业采取怎样的联姻策略,都不外乎两种模式:一种是以内容提供商为主的联姻模式,另一种是以软件提供商为主的联姻模式。下面笔者介绍这两种联姻模式。

(2)以内容提供商为主的联姻模式

以内容提供商为主的联姻模式模型如图5.7所示。

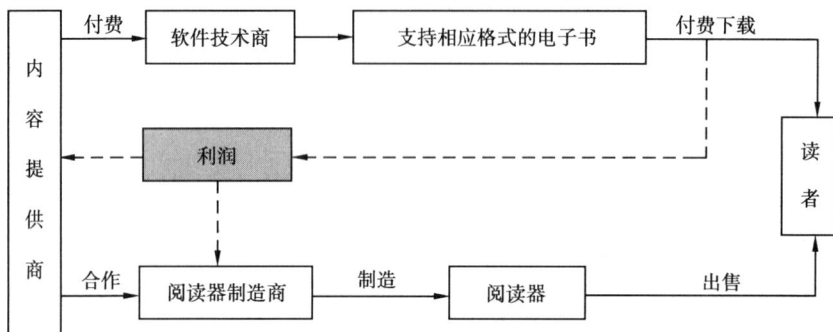

图5.7　以内容提供商为主的联姻模式

如图5.7所示,在这种联姻模式中,内容提供商先与软件提供商建立合作关系。内容提供商付费给软件提供商,将纸质出版物转化为一定格式的电子书。拥有大量电子书资源的内容提供商再与阅读器制造商合作,将电子书资源向合作商的阅读器用户开放。用户付费阅读电子书的利润由内容提供商和电子阅读器制造商按一定比例分成。

(3)以软件提供商为主的联姻模式

在以软件提供商为主的联姻模式中,软件提供商分别与内容提供商和阅读器制造商建立合作关系。软件提供商生产电子书阅读软件,在与阅读器制造商签订相关协议后将阅读软件嵌入电子阅读器中。与此同时,软件提供商向内容提供商提供技术,帮助他们把数字内容转化成相应的电子书格式。用户可以通过阅读器上的阅读软件下载和购买相应的电子书。所有利润由软件提供商、内容提供商和阅读器制造商三方分成。

虽然以上两种联姻模式的运作方式不同,却有着某些相似的特点。

其一,参与联姻模式的企业都是不同领域的佼佼者。纵观前面的案例,内容提供商无一不是全球出版业巨头、主流报刊或是已经掌握了实体书资源的大型连锁书店。软件提供商如方正阿帕比也在技术领域扮演着先行者的角色。至于阅读器终端更是不可小视,无论是Kindle,还是索尼、易博士阅读器都在电子阅读器领域占据了一席之地,在销量上也遥遥领先。在联姻模式中,只有通过强强联合才能获得最多用户的青睐,同时将利润最大化。

其二,内容资源空前丰富和开放。亚马逊的图书资源再丰富也不是靠一己之力,何况其不平等的分成机制还可能导致内容提供商撤离和资源流失。联姻模式中,平等的分成机制会让越来越多的内容提供商参与进来,甚至可以把数以千百计的出版社和报刊社出版的产品整合进一个电子书库。书库中的电子书可以包含各种各样的格式,只要软件提供商能够提供相应的阅读支持软件,并确保将这些支持阅读软件统统塞入一个小小的电子阅读器中。

其三,参与联姻的企业可选择性强。联姻模式是一种组合模式,因此它的任何一个环节在不破坏产业链完整性的前提下都可以被其他企业替代。

2)联姻模式利弊分析

(1)有利于打造完整的产业链

如前所述,很少有企业能够拥有亚马逊那样的实力,主要依靠自己打造一条完整的产业链,而完整的产业链又是确保产业运作的根本。联姻模式结合了各个领域最优秀的企业,在每一个环节上分工明确,保证了产业链的有效运行,有利于扩大行业规模,提高抗周期性,实现长期稳定发展。

(2)有效杜绝垄断

在联姻模式中,各个参与企业之间相互支持、相互促进。任何一个企业想要在产业链中占据垄断地位,都会导致其他企业的不满或退出。而在这条组合型产业链中,任何一个环节出现问题,产业运作都会出现断层,导致整个链条的瘫痪。在这种情况下,每个企业只能本着恪守本分、资源共享的原则,才能将产业做大做强,最终获得更大利润。

(3)企业的投入能够获得盈利

在移动出版产业中,究竟什么样的产品是用户需要的?答案一定是最新最好的内容资源,功能最全的阅读终端,最好最快的网络链接,最便捷的付费流程。能不能在这些方面很好地满足读者需求,是确保稳定客源和盈利的关键。如果读者在这些方面没有很好的选择,就培养不了到数字出版平台和环境中阅读的习惯。联姻模式打造出来的优质资源组合能很好地满足用户需求,并确保更高的市场占有率,从而确保盈利最大化。

(4)收费分成机制有待完善

就目前情形来看,对于那些缺乏规模的企业而言,联姻模式是最好的选择。但是在联姻模式中,参与的各方企业对于自身扮演的角色抱有争议,在制定用户付费模式以及如何就利润分成等问题上还未形成明确的程序和机制,导致现有的一些联姻模式中频频出现利益冲突。由此看来,未来联姻模式也有很长一段路要走。

5.4.3　手机出版物的推广策略

1）前期宣传

①中国移动短信彩信新书预告,以短信彩信的形式,通过推介理由、内容简介、精彩章节等方式,发布新书资讯,突出书的特色。

②在主、副刊上作新书预告,例如在《佛山文艺》上为新书的手机阅读和纸版发行作宣传,重点介绍这一系列图书的先行性和前瞻性意义。

③网上宣传:一是在自建网站和联办网站上以及各贴吧介绍图书部分特色,组织人员在网上跟帖,发表评论,制造网上影响力。

④公益活动:发动新书内容相关的关注农民工、为农民工捐书送书等公益活动,与此同时,进行新书推介,树立公关形象,提升社会影响力和社会价值。

2）中期发行策略

(1)首先以期刊连载方式发行,及时获取市场回馈信息,以此调整编辑、出版、发行环节的运作措施。待形成一套较为稳定的运作机制后,精选内容,推出整本电子图书和网络图书。

(2)进入公众视野和媒体视野,作为公共属性和社会属性并重的媒体事件获得大众媒体的关注。

(3)通过与平面媒体合作,互通有无,开发读者资源,可通过这些期刊随书赠送新书预告版和精彩短读本,达到告知效果。

(4)基于手机阅读的原有受众群,推出下载和购买礼包,推出打折、优惠、抽奖等活动,增强其主动性。

(5)短信、彩信持续跟进,发掘潜在的农民工消费者。

3）后期推广策略

(1)鼓励用户原创、投稿,培养其对该出版物的"自有"意识。同时,利用"身边的农民工作家"这一标识来扩大、稳固受众群,增强贴近性。

(2)定期举办互动活动,将用户喜爱的作家请到农民工群体中去,沟通交流。

(3)对已发行图书进行"二次售卖",如精编内容,或推出"盘点版""个性版"。

(4)根据图书内容的发布及市场信息的反馈,定期撰写推出调查报告、研究报告,为日后的营销工作提供理论基础且获取社会和商业效益。

【课后练习】

1. 我国目前数字出版物是如何分类的？

2. 数字出版物是否应该收费？

3. 数字出版物的发展趋势是什么？

4. 分析数字出版付费模式中的"绑定模式"和"补贴模式"。

参考文献

[1] 欧阳沛.想对才能做对——浅谈社办图书发行人员的六大认识误区[J].出版广角,2003(10).

[2] 罗紫初,汪林中,宋少华.出版发行学基础[M].太原:山西经济出版社,2000.

[3] 刘拥军.现代图书营销学[M].苏州:苏州大学出版社,2003.

[4] 方卿,姚永春.图书营销学教程[M].长沙:湖南大学出版社,2008.

[5] 《出版物发行员职业资格培训教材》编写委员会.出版物发行员职业资格培训教材[M].北京:中国书籍出版社,2007.

[6] 于金英,温才妃.北京高校周边书店调查[J].出版参考,2006(9).

[7] 王维.基于调查问卷的大学生读者现状调查分析[J].辽宁师范大学学报,2009.

[8] 渠竞帆.图书俱乐部:没落还是重生?[N].中国图书商报,2008-03-28.

[9] 宋木文.回顾20世纪80年代的中国出版[N].中国新闻出版报,2009-10-16.

[10] 许义国.机场书店销售4特点[N].中国图书商报,2006-09-15.

[11] 杨慧玲.机场店的"独特"管理方法[N].中国图书商报,2008-08-22.

[12] 高丽莎.进驻商场争进机场 书店变身个性时尚[N].今日早报,2010-07-06.

[13] 苏广利.我国网上书店的六大发展策略[J].图书情报工作,2001(11).

[14] 王汉华.中国网上书店:现状、差距与预测[N].中国图书商报,2006-06-20.

[15] 陈颖.大学生图书消费情况调查报告[N].出版商务周报,2006-06-02.

[16] 苏磊.新华书店向网络销售转型的物流渠道研究[J].信息与电脑,2011(1).

[17] 孙京平.图书直销:待劈四条荆棘路[N].中国新闻出版报,2005-09-28.

[18] 刘兆忱,许力.图书宣传如何获得水晕效应[J].出版发行研究,2010(7).

[19] 刘颖,任志茜.直销中心——专业社率先着力直销[N].中国图书商报,2004-10-29.

[20] 钱秀中.书业营销30年[N].中国图书商报,2008-01-08.

[21] 方怀银.中国邮政打造图书直销平台,任重而道远[EB/OL].中国营销传播网,2006-07-02.

［22］周红霞.少儿图书馆要立足自身特点为读者提供服务［EB/OL］.中国图书馆网,2007-07-05.

［23］李树堂.图书分销业变化分析［J］.社会主义论坛,2005(11).

［24］赵东晓.出版营销学［M］.北京:中国人民大学出版社,2010.

［25］吴锋,陈伟.报纸发行营销导论［M］.上海:复旦大学出版社,2004.

［26］陈国权.“敲门发行”的与时俱进——新形势下《华西都市报》发行工作的新思路［J］.中国记者,2004.

［27］魏明革.解密日本报纸的高发行量［EB/OL］.http://media.people.com.cn/GB/22114/49489/73945/5061910.html.

［28］王继发.郑州都市报市场的有序竞争成因与态势［J］.新闻传播,2010(3).

［29］金雁,王宁,章于炎.都市报业品牌经营［M］.北京:中国人民大学出版社,2008.

［30］柳柏.制定精准的报纸发行策略——秦皇岛日报社发行工作经验谈［J］.新闻传播,2010(8).

［31］龚军辉.期刊市场营销［M］.长沙:湖南人民出版社,2010.

［32］倪祖敏,张骏德.报刊发行学概论［M］.上海:复旦大学出版社,2005.

［33］许清茂.杂志学［M］.福州:厦门大学出版社,2006.

［34］倪祖敏.报刊传播业经营管理［M］.上海:复旦大学出版社,2004.

［35］汤知慧.社办期刊发行渠道的多元化［J］.出版参考,2010(9).

［36］钟文倩.探析我国报刊发行渠道的变化及渠道定位［J］.中国编辑,2005(1).

［37］沈华.期刊发行的机场渠道研究［J］.出版广角,2005(10).

［38］张树良,武志军,王冬.报刊发行成功方法分析［J］.中国传媒科技,2003(10).

［39］郝振省.数字时代的全媒体整合营销［M］.北京:中国书籍出版社,2009.

［40］匡文波.手机媒体概论［M］.北京:中国人民大学出版社,2006.

［41］朱海松.第五媒体:无线营销下的分众传媒与定向传播［M］.广州:广东经济出版社,2005:11.

［42］童晓渝,蔡佶,张磊.第五媒体原理［M］.北京:人民邮电出版社,2006:92,93,106-110.

［43］克里斯·安德森.免费:商业的未来［M］.蒋旭,译.北京:中信出版社,2009.

［44］陈萍.从大众传播学角度分析“微博热”［J］.大众文艺,2010(17).

［45］何以刚.3G手机媒体与期刊出版［J］.重庆邮电大学期刊研究,2008(3).

［46］匡文波.手机媒体的传播学思考［J］.国际新闻界,2006(7).

［47］匡文波,李一.日美手机媒体发展的差异分析及其借鉴［J］.新闻与写作,2010(1).

［48］周仁惠.3G 时代的手机媒体与未来的期刊出版［J］.编辑学报,2008(3).

［49］任殿顺.解读首份电子阅读器测试报告［J］.出版人,2009(1).

［50］王群馨.Kindle 电子墨水引发阅读器革命［J］.电脑爱好者,2008(3):79.

［51］薛娟.电子书阅读器市场成经济寒冬中的新蓝海［N］.中国经济时报,2009-
03-26.

［52］任殿顺.电子阅读器:商战升级搅动出版业［N］.中国新闻出版报,2008-10-09
(5).